Trois Contes du chat perché

d'après

Marcel Aymé

Adaptations
de Françoise Arnaud
et Michel Barré

Gallimard Jeunesse

Sommaire)

Le Chien (7

Le Loup (49

La Patte du chat (83

Petit carnet de mise en scène (125

Le Chien

Adaptation de
Françoise Arnaud
et Michel Barré

Personnages

(par ordre d'entrée en scène)

ALPHONSE, LE CHAT

DELPHINE

MARINETTE

LE CHIEN

LA MÈRE

LE PÈRE

LA SOURIS

L'HOMME

DÉCORS

La cour de la ferme

Le chemin

LA COUR DE LA FERME

ALPHONSE

Delphine et Marinette revenaient de faire des commissions pour leurs parents, et il leur restait un kilomètre de chemin. Il y avait dans leur cabas trois morceaux de savon, un pain de sucre, une fraise de veau, et pour quinze sous de clous de girofle.

DELPHINE ET MARINETTE

Malbrouch s'en va-t-en guerre,
Mironton, mironton, mirontaine,
Malbrouch s'en va-t-en guerre,
Ne sait qu'en reviendra,
Ne sait qu'en reviendra…

ALPHONSE

Elles le portaient chacune par une oreille et le balançaient en chantant une jolie chanson.

DELPHINE ET MARINETTE

Malbrouch s'en va-t-en guerre,

Mironton, mironton, mirontaine,
Malbrouch s'en va-t-en guerre,
Ne sait qu'en reviendra,
Ne sait qu'en reviendra…

ALPHONSE

Elles virent un gros chien ébouriffé, et qui marchait
la tête basse. Il paraissait de mauvaise humeur ; sous
ses babines retroussées luisaient des crocs pointus, et
il avait une grande langue qui pendait par terre.
Soudain, il se mit à courir au bord de la route,
mais si maladroitement qu'il alla donner de la tête
contre un arbre. La surprise le fit reculer, et il eut un
grondement de colère. Les deux petites filles
s'étaient arrêtées au milieu du chemin et se serraient
l'une contre l'autre, au risque d'écraser la fraise de
veau.

LE CHEMIN

MARINETTE, *d'une voix tremblante*
Mironton, mironton, mirontaine…

LE CHIEN

N'ayez pas peur, je ne suis pas méchant. Au contraire.
Mais je suis bien ennuyé parce que je suis aveugle.

DELPHINE

Oh! pauvre chien! on ne savait pas!

MARINETTE

Non, on ne savait pas!

Le chien vient à elles en remuant la queue encore plus fort, puis leur lèche les jambes et renifle le panier d'un air amical.

LE CHIEN

Voilà ce qui m'est arrivé, mais laissez-moi d'abord m'asseoir un moment, je suis fourbu, voyez-vous. Hum! Que ça sent bon!

DELPHINE

Nous vous écoutons, chien.

LE CHIEN, *soupirant*

Ah! qu'il fait bon se reposer. Donc, pour en revenir à mon affaire, je vous dirai qu'avant d'être aveugle moi-même, j'étais déjà au service d'un homme aveugle. Hier encore, cette ficelle que vous voyez pendre à mon cou me servait à guider mon maître sur les routes, et je comprends mieux à présent, combien j'ai pu lui être utile. Je le conduisais partout où les chemins sont les meilleurs et les mieux fleuris d'aubépine. Quand nous passions auprès d'une ferme, je lui disais : « Voilà une ferme ». Les fermiers lui donnaient un morceau de pain, me jetaient un os, et, à l'occasion, nous couchaient tous les deux dans un coin de leur grange. Souvent aussi, nous faisions de mauvaises rencontres et je le défendais. C'est que je n'ai pas l'air commode, quand je veux, tenez, regardez-moi un peu…

Il se met à grogner en montrant les dents et en roulant de gros yeux. Les petites sont effrayées.

Marinette

Ne le faites plus, vous me faites peur.

Le chien

C'était pour vous montrer. En somme, vous voyez que je rendais à mon maître bien des petits services, et je ne parle pas du plaisir qu'il prenait à m'écouter. Je ne suis qu'un chien, c'est entendu, mais parler fait toujours passer le temps…

Delphine

Vous parlez aussi bien qu'une personne, chien.

Le chien

Vous êtes bien aimable. *(Il renifle.)* Mon Dieu, que votre panier sent bon !…

DELPHINE

Oui! et alors?

LE CHIEN

Voyons, qu'est-ce que je vous disais?… Ah oui! Je m'ingéniais à lui rendre la vie facile, et pourtant, il n'était jamais content. Pour un oui ou pour un non, il me donnait des coups de pied. Aussi, vous pouvez croire qu'avant-hier j'ai été bien surpris quand il s'est mis à me caresser et à me parler avec amitié. J'en étais bouleversé, vous savez. Il n'y a rien qui me fasse autant de plaisir que des caresses, je me sens tout heureux. Caressez-moi, pour voir.

Le chien allonge le cou, offre sa grosse tête aux deux petites qui lui caressent son poil ébouriffé.
Et, en effet, sa queue se met à frétiller, tandis qu'il fait avec une petite voix : « Oua, oua, oua ! »

Vous êtes bien bonnes de m'écouter, mais il faut que j'en finisse avec mon histoire. Après m'avoir fait mille caresses mon maître me dit tout d'un coup : « Chien, veux-tu prendre mon mal et devenir aveugle à ma place? » Je ne m'attendais pas à celle-là! Lui prendre son mal, il y avait de quoi faire hésiter le meilleur des amis. Vous penserez de moi ce que vous voudrez, mais je lui ai dit non.

MARINETTE

Tiens ! mais bien sûr !

DELPHINE

C'est ce qu'il fallait répondre.

LE CHIEN

N'est-ce pas ? Ah ! je suis bien content que vous pensiez comme moi. J'avais tout de même un peu de remords de n'avoir pas accepté du premier coup.

DELPHINE

Du premier coup ?

MARINETTE, *comprenant*

Est-ce que par hasard, chien…

LE CHIEN

Attendez ! Hier, il s'est montré encore plus gentil que la veille. Il me caressait avec tant d'amitié que j'ai fini par accepter. Ah ! il m'avait bien juré que je serais un chien heureux. Mais je ne lui avais pas plus tôt pris son mal qu'il m'abandonnait sans un mot d'adieu. Et, depuis hier soir, je suis tout seul dans la campagne, me cognant aux arbres, butant aux pierres de la route. Tout à l'heure j'ai reniflé comme une odeur de veau, puis j'ai pensé que peut-être, vous ne voudriez pas me chasser…

MARINETTE

Oh! non, vous avez bien fait de venir.

LE CHIEN, *soupirant et humant le panier*

J'ai bien faim aussi… N'est-ce pas un morceau de veau que vous portez là?

DELPHINE

Oui, c'est une fraise de veau. Mais vous comprenez, chien, c'est une commission que nous rapportons pour nos parents. Elle ne nous appartient pas.

LE CHIEN

Alors, j'aime mieux n'y plus penser. C'est égal; elle doit être bien bonne. Mais dites-moi, petites, ne voulez-vous pas me conduire auprès de vos parents? S'ils ne peuvent me garder auprès d'eux, du moins ne refuseront-ils pas de me donner un os ou même une assiettée de soupe, et de me coucher cette nuit.

MARINETTE

On ne demanderait pas mieux de vous emmener avec nous…

DELPHINE

Mais que vont dire les parents?

ALPHONSE

Il fallait aussi compter avec moi qui avais beaucoup d'autorité dans la maison et verrais peut-être d'assez mauvais œil l'arrivée d'un chien.

DELPHINE

Venez, nous verrons bien.

MARINETTE

Nous ferons notre possible pour vous garder.
Malbrouch s'en va- t-en guerre…

ALPHONSE

Comme ils partaient tous les trois, les petites virent, sur la route, un brigand des environs, qui faisait son métier de guetter les enfants.

MARINETTE

C'est lui, c'est l'homme qui prend les commissions.

LE CHIEN

N'ayez pas peur, je m'en vais lui faire une tête qui lui ôtera l'envie de venir regarder dans votre panier.

Le brigand avance à grands pas et se frotte déjà les mains en songeant aux provisions qui gonflent le panier des petites, mais quand il voit la tête du chien, et qu'il l'entend gronder, il cesse de se frotter les mains. Il passe de l'autre côté du chemin et salue en soulevant son chapeau. Les petites ont bien du mal à ne pas lui rire au nez.

LE CHIEN
Il est encore là ?

DELPHINE
C'est magnifique, chien, il est parti !

MARINETTE
Sans demander son reste !

LE CHIEN
Vous voyez, j'ai beau être aveugle, je sais encore me rendre utile.

MARINETTE
Allons, en route !

LE CHIEN
Je suis bien content.

Il marche auprès des deux petites qui le tiennent chacune à leur tour par sa ficelle.

Comme je m'entendrais bien avec vous ! Mais comment vous appelez-vous, petites ?

DELPHINE

Ma sœur s'appelle Marinette et c'est elle la plus blonde.

Le chien s'arrête pour flairer Marinette.

LE CHIEN

Bon, Marinette. Oh ! je saurai la reconnaître, allez.

MARINETTE

Et ma sœur s'appelle Delphine.

Le chien flaire Delphine.

LE CHIEN

Bon, Delphine, je ne l'oublierai pas non plus. À force de voyager avec mon ancien maître, j'ai connu bien des petites filles, mais je dois dire sincèrement qu'aucune d'elles ne portait d'aussi jolis noms que Delphine et Marinette.

MARINETTE

Allez, on y va. *Malbrouch s'en va-t-en guerre…*

DELPHINE ET MARINETTE

Malbrouch…

ALPHONSE

Les petites ne purent pas s'empêcher de rougir, mais le chien ne pouvait pas le voir.

LE CHEMIN

LE CHIEN

Vous devez être bien raisonnables pour que vos parents vous aient confié une commission aussi importante que l'achat d'une fraise de veau…
Je ne sais pas si c'est vous qui l'avez choisie, mais je vous assure qu'elle embaume…

DELPHINE

Écoutez, chien, il vaut mieux pour vous ne plus penser à cette fraise de veau. Je vous assure que si elle m'appartenait, je vous la donnerais de bon cœur, mais vous voyez que je ne peux pas. Que diraient nos parents si nous ne rapportions pas la fraise de veau ?

LE CHIEN

Bien sûr, ils vous gronderaient…

DELPHINE

Il nous faudrait dire aussi que vous l'avez mangée, et au lieu de vous donner à coucher, ils vous chasseraient.

MARINETTE

Et peut-être qu'ils vous battraient.

LE CHIEN

Vous avez raison, mais ne croyez pas que ce soit la gourmandise qui me fasse parler de cette fraise de veau. Ce que j'en dis n'est pas du tout pour que vous me la donniez. D'ailleurs la fraise de veau ne m'intéresse pas. Certes, c'est une excellente chose, mais je lui fais le reproche de n'avoir pas d'os. Quand on sert une fraise de veau sur la table, les maîtres mangent tout et ils ne laissent rien pour le chien.

DELPHINE

Oui, oui.

MARINETTE

C'est ça.

DELPHINE ET MARINETTE

Allez, *Malbrouch s'en va-t-en guerre…*

LA COUR DE LA FERME

ALPHONSE

Tout en parlant et en chantant, les petites et le chien aveugle arrivèrent à la maison des parents. Je fus le premier à les voir. Je fis le gros dos, comme quand je suis en colère ; mon poil se hérissa et ma queue balaya la poussière.

Le chat va à la porte de la cuisine.

Voilà les petites qui rentrent en tirant un chien au bout d'une ficelle. Je n'aime pas beaucoup ça, moi.

LA MÈRE

Un chien? Par exemple!

LE PÈRE, *irrité*

Comment avez-vous trouvé ce chien? Et pourquoi l'avez-vous amené ici?

DELPHINE

C'est un pauvre chien aveugle.

MARINETTE

Il butait de la tête contre les arbres du chemin, et il paraissait malheureux…

LA MÈRE

N'importe. Je vous ai défendu d'adresser la parole à des étrangers.

LE CHIEN

Je vois bien qu'il n'y a pas de place dans votre maison pour un chien aveugle et, sans m'attarder davantage, je vais reprendre mon chemin. Mais avant de partir, laissez-moi vous complimenter d'avoir des enfants si sages et si obéissantes. Tout à l'heure, j'errais sur la route sans voir les petites, et j'ai reniflé une bonne odeur de fraise de veau. Comme j'étais à jeun depuis la veille, j'avais bien envie de la manger, mais elles m'ont défendu de toucher à leur panier. Pourtant, je devais avoir l'air méchant. Et savez-vous ce qu'elles m'ont dit? « La fraise de veau est pour nos parents et ce qui appartient à nos parents n'est pas pour les chiens. » Voilà ce qu'elles m'ont dit. Je ne sais pas si vous êtes comme moi, mais quand je rencontre deux fillettes aussi raisonnables, aussi obéissantes que les vôtres, je ne pense plus à ma faim et je me dis que leurs parents ont bien de la chance…

La mère sourit déjà aux deux petites et le père est fier des compliments du chien.

Le père

Je n'ai pas à me plaindre, ce sont de bonnes petites filles. Nous ne les grondions tout à l'heure que pour les mettre en garde contre les mauvaises rencontres, et je suis même assez content qu'elles vous aient conduit jusqu'à la maison. Vous allez avoir une bonne soupe et vous pourrez vous reposer cette nuit.

La mère

Comment se fait-il que vous soyez aveugle et que vous alliez ainsi par les chemins?

ALPHONSE

Alors le chien conta encore une fois son aventure et comment, après avoir pris le mal de son maître, il avait été abandonné.

LE PÈRE

Vous êtes le meilleur des chiens, et je ne puis que vous reprocher d'avoir été trop bon. Vous vous êtes montré si charitable que je veux faire quelque chose pour vous. Demeurez donc à la maison aussi longtemps qu'il vous plaira. Je vous construirai une belle niche et vous aurez chaque jour votre soupe, sans compter les os. Comme vous avez beaucoup voyagé, vous nous parlerez des pays que vous avez traversés et ce sera pour nous l'occasion de nous instruire un peu.

DELPHINE

Oh ! Merci papa !

MARINETTE

Que je suis contente !

ALPHONSE

Les petites étaient rouges de plaisir, et chacune se félicitait de la décision du père. J'en étais moi-même tout attendri, et au lieu d'ébouriffer mon poil et de grincer dans ma moustache, je regardais le chien avec amitié.

LE CHIEN

Je suis bien heureux. Je ne m'attendais pas à trouver une maison de si bon accueil, après avoir été abandonné…

LE PÈRE

Vous avez eu un mauvais maître. Un méchant homme, un égoïste et un ingrat. Qu'il ne s'avise pas de passer jamais par ici, car je saurais lui faire honte de sa conduite et je le punirais comme il le mérite.

LE CHIEN, *soupirant*

Mon maître doit déjà se trouver bien puni à l'heure qu'il est. Je ne dis pas qu'il ait des remords de m'avoir abandonné, mais je connais son goût pour la paresse. Maintenant qu'il n'est plus aveugle et qu'il lui faut travailler pour gagner sa vie, je suis sûr qu'il regrette les beaux jours où il n'avait rien à faire que de se laisser guider par les chemins et d'attendre son pain de la charité des passants. Je vous avouerai même que je suis bien inquiet sur son sort, car je ne crois pas qu'il y ait au monde un homme plus paresseux.

ALPHONSE, *riant dans sa moustache*

Ce chien est bien bête de se faire tant de souci pour un maître qui l'a abandonné.

LE PÈRE, *murmurant*
Alphonse a raison !

LA MÈRE, *murmurant*
Vraiment, son malheur ne l'aura pas instruit et il sera toujours le même !

Le chien, honteux, les écoute en baissant l'oreille.

MARINETTE, *prenant le chien par le cou*
C'est parce qu'il est bon ! et toi, chat, au lieu de rire dans ta moustache, tu ferais mieux d'être bon aussi.

DELPHINE
Et quand on joue avec toi, de ne plus nous griffer pour nous faire mettre au coin par nos parents !

MARINETTE
Comme tu as fait encore hier soir !

ALPHONSE, *tournant le dos aux petites et allant vers la maison en se dandinant d'un air maussade et grommelant.*
Vous n'êtes pas justes, car si je griffe, c'est pour m'amuser… sans le faire exprès, mais en réalité, je suis aussi bon que le chien et peut-être meilleur encore.

DELPHINE
Ah ! la sale bête !

QUELQUES JOURS PLUS TARD

DELPHINE
Tu viens avec nous en commission, chien?

LE CHIEN
Oh oui! Mettez-moi vite mon collier.

ALPHONSE
Delphine lui mettait son collier. Marinette le prenait par la ficelle (ou bien le contraire) et ils s'en allaient tous les trois en commission.

DELPHINE ET MARINETTE
Malbrouch…

ALPHONSE
Sur la route, les petites lui disaient :

DELPHINE
Il y a un troupeau de vaches dans la prairie…

MARINETTE
… un beau nuage dans le ciel.

ALPHONSE
Et lui qui ne pouvait pas voir, il était content de

savoir qu'il passait un troupeau ou un nuage. Mais elles ne savaient pas toujours lui dire ce qu'elles voyaient, et il leur posait des questions.

LE CHIEN
Voyons, dites-moi de quelle couleur sont ces oiseaux et la forme de leur bec, au moins.

MARINETTE
Eh bien! voilà : le plus gros a des plumes jaunes sur le dos et ses ailes sont noires.

DELPHINE
Et sa queue est noir et jaune…

LE CHIEN
Alors c'est un loriot. Vous allez l'entendre chanter…

ALPHONSE
Le loriot n'était pas toujours prêt à chanter et le chien, pour instruire les petites, essayaient d'imiter sa chanson *(le chien aboie)* et il était si drôle qu'ils riaient à leur aise. D'autres fois, c'était un renard ou un lièvre qui passait à la lisière du bois.

LE CHIEN
Je sens un lièvre.

DELPHINE ET MARINETTE
Où?

LE CHIEN
Par là-bas. Par là-bas.

DELPHINE ET MARINETTE
Où?

LE CHIEN
Par là-bas.

ALPHONSE
Ils riaient presque tout le long du chemin.

DELPHINE
Chien, si on jouait à cloche-pied? On verrait qui va
le plus vite!

LE CHIEN
Oh oui! c'est une bonne idée!

ALPHONSE
C'était toujours le chien qui gagnait, parce qu'il lui
restait tout de même trois pattes.

MARINETTE
Ce n'est pas juste, nous, on va sur une patte.

LE CHIEN

Pardi ! avec des grands pieds comme les vôtres, ce n'est pas difficile !

ALPHONSE

J'étais toujours un peu peiné de voir le chien s'en aller en commission avec les petites. J'avais tant d'amitié pour lui que j'aurais voulu pouvoir ronronner entre ses pattes du matin au soir. Pendant que Delphine et Marinette étaient à l'école, nous ne nous quittions presque pas. Les jours de pluie, nous passions notre temps dans sa niche, à bavarder ou à dormir l'un contre l'autre. Mais quand il faisait beau, le chien était toujours prêt à courir par les champs.

Le chat dort étendu au soleil. Le chien est à ses côtés et essaie de le réveiller.

LE CHIEN

Gros paresseux de chat, lève-toi et viens te promener.

ALPHONSE

Ronron, ronron.

LE CHIEN

Allons, viens. Tu me montreras le chemin.

ALPHONSE

Ronron, ronron, *(au public)* c'est pour jouer.

LE CHIEN

Tu voudrais me faire croire que tu dors, mais moi, je sais bien que tu ne dors pas. Oh! je vois ce que tu veux… tiens!

Le chien se baisse, Alphonse s'assoit sur son dos où il tient à l'aise, puis ils partent en promenade.

ALPHONSE

Marche tout droit… Tourne à gauche… Tourne à droite… mais si tu es fatigué, tu sais, je peux descendre.

LE CHIEN

Je ne suis jamais fatigué.

ALPHONSE

Tout en nous promenant par les champs et par les prés, nous parlions de la vie de la ferme, des petites et des parents. Bien qu'il m'arrivât encore de griffer Delphine ou Marinette, j'étais vraiment devenu bon. J'étais toujours inquiet de savoir si mon ami était content de son sort, s'il avait assez mangé ou assez dormi.

Est-ce que tu es heureux à la ferme, chien?

LE CHIEN, *soupirant*

Oh oui, je n'ai pas à me plaindre, tout le monde est gentil.

ALPHONSE

Tu dis oui, mais je vois bien qu'il y a quelque chose.

LE CHIEN

Mais non, je t'assure.

ALPHONSE

Est-ce que tu regrettes ton maître ?

LE CHIEN

Non, chat, bien franchement… et même, je dois dire que je lui en veux un peu… On a beau être heureux et avoir de bons amis, on ne peut pas s'empêcher de regretter ses yeux…

ALPHONSE

Bien sûr, bien sûr…

Les petites sortent de la cuisine.

DELPHINE

Tu viens en commission avec nous, chien ?

LE CHIEN

Oh oui, mettez-moi mon collier !

ALPHONSE

Vous pouvez y aller toutes seules, faire vos commissions ! La place d'un chien aveugle n'est pas sur les routes en compagnie de deux têtes folles.

Les petites rient.

MARINETTE

Viens avec nous Alphonse.

ALPHONSE, *d'un air pincé*

Comme si moi, le chat, je pouvais aller en commission !

MARINETTE

Je croyais te faire plaisir, mais puisque tu aimes mieux rester, à ton aise.

DELPHINE

Oh ! tu es fâché ?

Delphine se baisse pour le caresser. Il lui griffe la main.

Ah ! Il m'a griffée !

MARINETTE, *se baissant et tirant la moustache*

Je n'ai jamais vu d'aussi mauvaise bête que ce chat ! Tiens !

ALPHONSE, *donnant un coup de griffe*
Tiens ! Tu l'as bien mérité !

MARINETTE
Oh ! Il m'a griffée aussi !

ALPHONSE
Oui, je t'ai griffée et je vais aller dire aux parents que tu
m'as tiré la moustache pour qu'ils te mettent au coin.

*Le chat va vers la maison, mais le chien, qui n'a rien vu, lui parle
sévèrement.*

LE CHIEN
Vraiment, chat, je ne te savais pas aussi méchant. Je
suis obligé de reconnaître que les petites avaient raison et que tu es un mauvais chat. Ah ! je t'assure que
je ne suis pas content… Laissons-le, petites, et par-
tons en commission.

DELPHINE, MARINETTE ET LE CHIEN
Malbrouch…

LE CHIEN, *sur la route, tournant la tête*
Je ne suis pas content du tout.

ALPHONSE
J'étais si confus que je ne trouvais rien à répondre et

que je les laissai partir sans un mot de regret. J'avais beaucoup de chagrin. Je voyais bien, maintenant, que je n'aurais pas dû griffer et que je m'étais mal conduit. Mais ce qui me peinait surtout, c'était de penser que le chien ne m'aimait plus et qu'il me tenait pour un mauvais chat.

Je suis pourtant bon, et si j'ai griffé, c'est sans réfléchir. Je me repens de l'avoir fait, preuve que je suis bon. Mais comment lui faire comprendre que je suis bon ? J'en avais tant de peine que j'allai au grenier passer le reste de la journée.

DELPHINE ET MARINETTE
Malbrouch…

ALPHONSE
Le soir, quand j'entendis rentrer les petites de commission, je n'osais pas descendre et restais dans mon grenier.

LE CHIEN, *en reniflant*
Je n'entends pas le chat, et je ne le sens pas non plus. Est-ce que vous le voyez, petites ?

MARINETTE
Oh, non, et j'aime autant ne pas le voir. Il est trop méchant.

LE CHIEN

C'est vrai, on ne peut pas dire le contraire, après ce qu'il vous a fait tout à l'heure.

ALPHONSE, *off*

C'est pas vrai, je suis bon !

La nuit tombe.

LE MATIN

ALPHONSE

Bonjour, chien… c'est moi, le chat…

LE CHIEN

Bonjour, bonjour.

ALPHONSE

Est-ce que tu as passé une mauvaise nuit, chien ? Tu parais triste.

LE CHIEN

Non, j'ai bien dormi… mais quand je me réveille c'est toujours une mauvaise surprise pour moi de ne pas voir clair.

ALPHONSE

Je suis ennuyé que tu ne voies pas clair ; j'ai pensé

que si tu voulais bien me donner ton mal, je pourrais devenir aveugle à ta place et faire pour toi ce
que tu as fait pour ton maître.

*D'abord, le chien ne peut rien dire tant il est ému, et il a envie de
pleurer.*

LE CHIEN

Chat, comme tu es bon, je ne veux pas… tu es trop
bon…

ALPHONSE, *à lui-même*

Que plaisir d'être bon !…
Au chien
Allons, donne-moi ton mal.

LE CHIEN

Non, je ne veux pas… Je suis presque habitué à ne
plus voir clair et vous, tous, vous me rendez heureux…

ALPHONSE

Toi, chien, tu as besoin de tes yeux pour te rendre
utile dans la maison. Mais à quoi me sert de voir
clair ? Je te le demande. Je suis un paresseux qui ne
me plaît qu'à dormir au soleil ou au coin du feu. Ma
parole, j'ai presque toujours les yeux fermés. Autant

vaudrait pour moi être aveugle, je ne m'en apercevrais même pas.

LE CHIEN
Bon ! puisque tu insistes.

L'échange se fait sans plus tarder.

LE CHIEN, *criant à tue-tête*
Le chat est bon ! Le chat est bon !

DELPHINE
Qu'est-ce qu'il se passe ?

MARINETTE
Que t'arrive-t-il ?

LE CHIEN
Le chat a pris mon mal !

DELPHINE ET MARINETTE
Ah ! qu'il est bon ! Qu'il est bon !

ALPHONSE, *à lui-même*
Je suis bon ?… Je suis bon ?… Je suis heureux d'être bon !…

Depuis qu'il avait recouvré la vue, le chien était très occupé et ne trouvait jamais un moment pour se reposer dans sa niche, sinon à l'heure de midi et pendant la nuit. Le reste du temps, on l'envoyait garder le troupeau, ou bien il lui fallait accompagner ses maîtres par les chemins et par les bois, car il y avait toujours quelqu'un d'entre eux pour l'emmener en promenade. Il ne s'en plaignait pas, au contraire. Jamais il n'avait été aussi heureux, et quand il se rappelait le temps où il guidait son premier maître de village en village, il se félicitait de l'aventure qui l'avait amené à la ferme.

Dis-moi, chien, tu es heureux?

LE CHIEN
Oh, oui… Mais toi, tu ne regrettes pas?

ALPHONSE
Non, je t'assure…

LE CHIEN
Tu n'as besoin de rien, chat?

ALPHONSE
Un peu de lait me ferait plaisir.

LE CHIEN
Du lait… tout de suite, chat!

Le chien va chercher du lait.

Tu veux faire un tour dans la campagne sur mon dos?

ALPHONSE

Non, je te remercie, pas ce matin. Dis-moi, chien, es-tu vraiment heureux ?

LE CHIEN

Très heureux, je regrette seulement de ne pouvoir te consacrer plus de temps. Et toi, Alphonse, tu ne regrettes rien ? C'est tellement agréable de voir clair.

ALPHONSE

Non, ça ne vaut pas la peine d'en parler. Le plus important pour moi est de te savoir heureux.

DELPHINE

Tu viens jouer, chien ?

LE CHIEN

Oh, oui. Tout de suite.

ALPHONSE

Les petites me prenaient bien encore sur leurs genoux pour me caresser, mais elles trouvaient plus amusant de courir et de gambader avec le chien, et il n'y avait point de jeu auquel on pût faire jouer un pauvre chat aveugle.

Un matin d'été qu'il faisait très chaud, je m'étais mis au frais sur la dernière marche de l'escalier qui descendait à la cave, et je ronronnais comme à l'habitude, lorsque je sentis quelque chose remuer contre mon poil. Je n'avais pas besoin d'y voir pour me rendre compte qu'il s'agissait d'une souris et pour la saisir d'un coup de patte. Elle était si effrayée qu'elle ne chercha même pas à s'enfuir.

LA SOURIS

Monsieur le chat, laissez-moi m'en aller. Je suis une toute petite souris, et je me suis égarée…

ALPHONSE

Une petite souris ? Eh bien ! moi, je vais te manger.

LA SOURIS

Monsieur le chat, si vous ne me mangez pas, je vous promets de vous obéir toujours.

ALPHONSE

Non, j'aime mieux te manger… À moins…

LA SOURIS

À moins, Monsieur le chat ?

ALPHONSE

Eh bien ! voilà : je suis aveugle. Si tu veux prendre mon mal et devenir aveugle à ma place, je te laisserai la vie sauve. Tu pourras te promener librement dans la cour, je te donnerai moi-même à manger. En somme, tu as tout avantage à être aveugle dans ces conditions-là. Pour toi qui trembles toujours de tomber entre mes griffes, ce sera la tranquillité.

LA SOURIS

Excusez-moi, Monsieur le chat, mais j'hésite.

ALPHONSE

Réfléchis bien, petite souris, et ne te décide pas à la légère. Je ne suis pas si pressé que je ne puisse attendre quelques minutes, et ce que je veux d'abord, c'est que tu te prononces en toute liberté.

LA SOURIS

Oui, mais si je dis non, vous me mangerez ?

ALPHONSE

Bien entendu, petite souris, bien entendu.

LA SOURIS

Alors, j'aime encore mieux devenir aveugle que d'être mangée.

ALPHONSE

Tiens, prends mon mal, gentille petite souris.

LA SOURIS

Je suis bonne, je suis bonne !

Delphine arrive.

ALPHONSE

La souris est bonne ! La souris est bonne !

DELPHINE

Qu'est-ce qu'il se passe ?

ALPHONSE

La souris a pris mon mal. C'est une bonne petite bête, elle a un cœur excellent, et je vous recommande d'en avoir bien soin.

DELPHINE

Sois tranquille, elle ne manquera de rien. Nous lui donnerons à manger et nous lui ferons un lit pour la nuit.

Le chien arrive à son tour.

LE CHIEN

Le chat a été bon, et voyez ce qui arrive : il en est récompensé aujourd'hui !

DELPHINE

C'est vrai, il a été bon…

ALPHONSE

C'est vrai, j'ai été bon…

LA **SOURIS**
Hum! Hum! Hum!

Ils sortent. Restent Alphonse et le chien qui somnolent. Le chien se met à renifler d'un air inquiet, puis il se lève en grondant et se dirige vers le chemin où l'on entendait déjà le pas d'un homme. C'est un vagabond au visage maigre et aux vêtements déchirés, il a un mouvement de surprise en voyant le chien.

L'HOMME, *s'approchant d'un pas décidé*
Chien, renifle-moi un peu… ne me reconnais-tu pas?

LE **CHIEN**
Si. Vous êtes mon ancien maître.

L'HOMME
Je me suis mal conduit envers toi, chien… mais si tu savais quels remords j'ai eus, tu me pardonnerais sûrement.

LE **CHIEN**
Je vous pardonne, mais allez-vous-en.

L'HOMME
Depuis que je vois clair, je suis un homme bien malheureux. Je suis si paresseux que je ne peux pas me décider à travailler, et c'est à peine si je mange une

fois par semaine. Autrefois, quand j'étais aveugle, je n'avais pas besoin de travailler. Les gens me donnaient à manger et à coucher, et ils me plaignaient… Te rappelles-tu ? Nous étions heureux… Si tu voulais, chien, je te reprendrais mon mal, je redeviendrais aveugle, et tu me conduirais encore sur les routes…

LE CHIEN

Vous étiez peut-être heureux, mais moi, je ne l'étais guère. Avez-vous oublié les coups dont vous récompensiez mon zèle et mon amitié ? Vous étiez un mauvais maître et je le comprends mieux depuis que j'en ai trouvé de meilleurs. Je ne vous garde pas rancune, mais n'attendez pas que je vous accompagne jamais sur les routes. D'ailleurs, vous ne pouvez pas reprendre mon mal, car je ne suis plus aveugle. Le chat, qui est bon, a voulu le devenir à ma place, et ensuite…

Mais déjà l'homme ne l'écoute plus.

L'HOMME

Tu n'es qu'une mauvaise bête.

Se tournant vers le chat.

Pauvre vieux chat, tu es bien malheureux…

ALPHONSE

Ronron.

L'HOMME

Je suis sûr que tu donnerais beaucoup pour voir
clair. Mais si tu veux, je serai aveugle à ta place et, en
échange, tu me conduiras sur les routes comme le
chien faisait autrefois.

ALPHONSE, *ouvrant les yeux tout grands et sans se déranger*

Si j'étais aveugle, j'accepterais peut-être, mais je ne le
suis plus depuis que la souris a bien voulu me
prendre mon mal. C'est une bête qui est très bonne,
et si vous voulez lui dire votre affaire, elle ne refusera
pas de vous rendre un service.

L'HOMME

Où est-elle ?

ALPHONSE

Tenez, elle dort derrière le muret, sur une pierre où
les petites viennent de la coucher après la promenade.

L'homme hésite un moment avant d'aller trouver la souris.

L'HOMME

Pauvre souris, tu es bien à plaindre…

LA SOURIS

Oh! oui, monsieur. Les petites sont gentilles, le chien aussi, mais je voudrais bien voir clair.

L'HOMME

Veux-tu que je devienne aveugle à ta place?

LA SOURIS

Oui, monsieur.

L'HOMME

En retour, tu me serviras de guide. Je te passerai une ficelle au cou et tu me conduiras sur les chemins.

LA SOURIS

Ce n'est pas difficile, je vous conduirai où vous voudrez.

ALPHONSE

C'est ainsi que la souris retrouva la vue et que l'homme redevint aveugle. Nous regardions l'homme faire ses premiers pas d'aveugle, derrière la souris qu'il tenait attachée au bout d'une ficelle. Il allait lentement et avec beaucoup d'hésitation, car la souris était si petite que tout son effort tendait à peine la ficelle, et que le moindre mouvement de l'aveugle faisait tourner la pauvre bête sur elle-même sans qu'il s'en aperçût. Delphine et Marinette poussaient de grands soupirs d'inquiétude et de pitié. Le chien, lui, tremblait des quatre pattes en voyant l'homme buter aux pierres de la route et hésiter à chaque pas. Les petites le tenaient par le collier et lui caressaient la tête, mais il leur échappa brusquement et courut tout droit à l'aveugle.

DELPHINE ET MARINETTE

Chien! Chien!

ALPHONSE

Il courait comme s'il n'eût rien entendu, et quand l'aveugle eut attaché la ficelle à son collier, il s'éloigna sans tourner la tête, pour ne pas voir les petites qui pleuraient avec moi.

RIDEAU

Le Loup

Adaptation de
Françoise Arnaud
et Michel Barré

Personnages
(par ordre d'entrée en scène)

ALPHONSE, LE CHAT
LE PÈRE
LA MÈRE
DELPHINE
MARINETTE
LE LOUP

DÉCOR

La cuisine

ALPHONSE

Caché derrière le muret, le loup surveillait patiemment les abords de la maison. Il eut enfin la satisfaction de voir les parents sortir de la cuisine.

LE PÈRE

Souvenez-vous de n'ouvrir la porte à personne, qu'on vous prie ou qu'on vous menace.

LA MÈRE

Soyez sages. Nous serons rentrés à la nuit.

DELPHINE ET MARINETTE

Au revoir papa, au revoir maman.

LES PARENTS

Au revoir, petites.

ALPHONSE

Lorsqu'il vit les parents bien loin au dernier tournant du sentier, le loup fit le tour de la maison en boitant d'une patte, mais les portes et les fenêtres étaient bien fermées.

LE LOUP

Du côté des cochons et des vaches, il n'y a rien à espérer. Ces espèces n'ont pas assez d'esprit pour qu'on puisse les persuader de se laisser manger.

Le loup s'arrête devant la cuisine, pose ses pattes sur le rebord de la fenêtre et regarde l'intérieur du logis.

Delphine et Marinette jouent aux osselets devant le fourneau.

MARINETTE

Quand on est rien que deux, on ne s'amuse pas bien. On ne peut pas jouer à la ronde.

DELPHINE

C'est vrai, on ne peut jouer ni à la ronde, ni à la paume placée.

MARINETTE

Ni au furet, ni à la courotte malade.

DELPHINE

Ni à la mariée, ni à la balle fondue.

MARINETTE

Et pourtant, qu'est-ce qu'il y a de plus amusant que de jouer à la ronde ou à la paume placée ?

DELPHINE

Ah ! Si on était trois…

Elles poussent toutes les deux un long soupir, puis se remettent à jouer aux osselets devant le fourneau.

ALPHONSE

Comme les petites lui tournaient le dos, le loup donna un coup de nez sur le carreau pour faire entendre qu'il était là.

LE LOUP

Bonjour. Il ne fait pas chaud dehors. Ça pince, vous savez.

MARINETTE, *riant*

Qu'il est drôle avec ses oreilles pointues et ce pinceau de poils hérissés sur le haut de la tête.

DELPHINE, *murmurant en serrant la main de Marinette*

C'est le loup.

MARINETTE

Le loup ? Alors on a peur ?

DELPHINE

Bien sûr, on a peur.

Tremblantes, les petites se prennent par le cou, mêlant leurs cheveux blonds et leurs chuchotements.

ALPHONSE

Il n'avait jamais rien vu d'aussi joli depuis le temps qu'il courait par bois et par plaines.

LE LOUP, *ému*

Je me sens tout attendri. Mais qu'est-ce que j'ai ? Voilà que je flageole sur mes pattes. Serais-je devenu bon ? C'est ça, je suis bon. Je suis si bon et si doux que je ne pourrai plus jamais manger d'enfants.

ALPHONSE

Il pencha la tête du côté gauche comme on fait quand on est bon.

LE LOUP, *de sa voix la plus tendre*

J'ai froid, et j'ai une patte qui me fait bien mal. Mais ce qu'il y a surtout, c'est que je suis bon. Si vous vouliez m'ouvrir la porte, j'entrerais me chauffer à côté du fourneau et on passerait l'après-midi ensemble.

MARINETTE

Je n'aurais jamais soupçonné que le loup pût avoir une voix si douce.

Déjà rassurée, elle lui fait un signe d'amitié.

DELPHINE

Allez-vous-en, vous êtes le loup.

MARINETTE, *souriant*

Vous comprenez, ce n'est pas pour vous renvoyer, mais nos parents nous ont défendu d'ouvrir la porte, qu'on nous prie ou qu'on nous menace.

LE LOUP

Vous savez, on raconte beaucoup d'histoires sur le loup, il ne faut pas croire tout ce qu'on dit. La vérité, c'est que je ne suis pas méchant du tout.

Il pousse un grand soupir.

MARINETTE, *les larmes aux yeux*

Il a froid et il a mal à une patte.

Murmurant quelque chose à l'oreille de Delphine, en clignant de l'œil du côté du loup.

Regarde comme il est doux.

Delphine demeure pensive, car elle ne décide rien à la légère.

DELPHINE

Il a l'air doux comme ça, mais je ne m'y fie pas. Rappelle-toi «le loup et l'agneau»… L'agneau ne lui avait pourtant rien fait.

Au loup.

Et l'agneau alors?… Oui, l'agneau que vous avez mangé?

LE LOUP, *non démonté*

L'agneau que j'ai mangé? Lequel?

Il dit ça tout tranquillement, comme une chose toute simple et qui va de soi, avec un air et un accent d'innocence qui font froid dans le dos.

DELPHINE

Comment? Vous en avez donc mangé plusieurs! Eh bien! C'est du joli!

LE LOUP

Mais naturellement que j'en ai mangé plusieurs. Je ne vois pas où est le mal… Vous en mangez bien, vous!

MARINETTE, *honteuse*

C'est vrai, nous avons justement mangé du gigot à midi.

LE LOUP

Allons, vous voyez bien que je ne suis pas méchant.
Ouvrez-moi la porte, on s'assiéra en rond autour du
fourneau, et je vous raconterai des histoires. Depuis
le temps que je rôde au travers des bois et que je
cours sur les plaines, vous pensez si j'en connais. Rien
qu'en vous racontant ce qui est arrivé l'autre jour aux
trois lapins de la lisière, je vous ferais bien rire.

MARINETTE

Ouvrons-lui la porte tout de suite. D'ailleurs on ne
peut pas le laisser grelotter dehors sous la bise avec
une patte malade.

DELPHINE

Peut-être, oui… Je ne sais pas… Je n'ai pas confiance.

MARINETTE

Enfin, tu ne vas pas encore lui reprocher les agneaux
qu'il a mangés. Il ne peut pourtant se laisser mourir
de faim !

DELPHINE

Il n'a qu'à manger des pommes de terre.

MARINETTE, *avec émotion*

Delphine, je t'en prie ! Et si cette pauvre bête
malade allait mourir de notre faute, hein ?

DELPHINE

Allons, c'est bon… Mais ne viens pas te plaindre si tu es mangée !

Elle se dirige vers la porte puis se ravisant dans un éclat de rire.

Non, ce serait trop bête !

Elle regarde le loup bien en face.

Dites donc, loup, j'avais oublié le petit Chaperon rouge. Parlons-en un peu du petit Chaperon rouge, voulez-vous ?

LE LOUP

C'est vrai, je l'ai mangé, le petit Chaperon rouge. Mais je vous assure que j'en ai déjà eu bien du remords. Si c'était à refaire…

DELPHINE

Oui, oui, on dit toujours ça.

LE LOUP, *se frappant la poitrine à l'endroit du cœur, avec sa belle voix grave*

Ma parole, si c'était à refaire, j'aimerais mieux mourir de faim.

MARINETTE, *soupirant*

Tout de même, vous avez mangé le petit Chaperon rouge.

LE LOUP

Je ne vous dis pas. Je l'ai mangé, c'est entendu. Mais c'est un péché de jeunesse. Il y a longtemps, n'est-ce pas ? À tout péché miséricorde… Et puis, si vous saviez les tracas que j'ai eus à cause de cette petite ! Tenez, on est allé jusqu'à dire que j'avais commencé par manger la grand-mère, eh bien, ce n'est pas vrai du tout…

Il se met à ricaner, malgré lui, et sans bien se rendre compte qu'il ricane.

Je vous demande un peu ! Manger de la grand-mère, alors que j'avais une petite fille bien fraîche qui m'attendait pour mon déjeuner ! Je ne suis pas si bête…

DELPHINE

Loup, vous êtes un menteur ! Si vous aviez tous les remords que vous dites, vous ne vous lécheriez pas ainsi les babines !

LE LOUP

Pardonnez-moi, c'est une mauvaise habitude que je tiens de famille, mais ça ne veut rien dire…

DELPHINE

Tant pis pour vous si vous êtes mal élevé.

LE LOUP

Ne dites pas ça, j'ai tant de regrets.

DELPHINE

C'est aussi une habitude de famille de manger les petites filles ? Vous comprenez, quand vous promettez de ne plus jamais manger d'enfants, c'est à peu près comme si Marinette promettait de ne plus jamais manger de dessert.

MARINETTE

Delphine, je t'en prie…

LE LOUP

Mais puisque je vous jure…

DELPHINE

N'en parlons plus et passez votre chemin. Vous vous réchaufferez en courant.

LE LOUP

C'est quand même un peu fort, on ne veut jamais entendre la voix de la vérité ! c'est à vous dégoûter d'être honnête. Moi je prétends qu'on n'a pas le droit de décourager les bonnes volontés comme vous le faites. Et vous pouvez dire que si jamais je remange de l'enfant, ce sera par votre faute.

MARINETTE

Mon Dieu ! Et s'il disait vrai ?

ALPHONSE

Mais les oreilles du loup dansaient si pointues, ses yeux brillaient d'un éclair si dur, et ses crocs entre les babines retroussées… que les petites demeuraient immobiles de frayeur.

DELPHINE

Regarde-le ! Tu vois bien que j'ai raison. Regarde comme il a l'air féroce.

ALPHONSE

Le loup comprit qu'il ne gagnerait rien par des paroles d'intimidation.

LE LOUP

Je vous demande pardon de mon emportement, mais, je ne peux pas supporter que vous me croyiez méchant. Enfin, tant pis pour moi. Et pourtant je suis bon, je vous jure que je suis bon !

MARINETTE

Tu vois bien qu'il n'est pas méchant.

DELPHINE

Peut-être.

MARINETTE

Je vais lui ouvrir.

DELPHINE

Non, je te le défends.

MARINETTE

Laisse-moi tranquille, tu me fais mal.

LE LOUP

Arrêtez. J'aime mieux m'en aller que d'être le sujet de querelle entre les deux plus jolies blondes que j'ai jamais vues.

Il s'éloigne, secoué par de grands sanglots.

Quel malheur, moi qui suis si bon, si tendre… elles ne veulent pas de mon amitié. Je serais devenu meilleur encore, je n'aurais même plus mangé d'agneaux.

ALPHONSE

Et le loup s'en alla clochant sur trois pattes, transi par le froid et par le chagrin.

DELPHINE

Loup ! On n'a plus peur…

MARINETTE

Venez vite vous chauffer !

DELPHINE

Venez vite, loup.

MARINETTE

Venez… Asseyez-vous !

La plus blonde a déjà ouvert la porte et court à sa rencontre.
Ils rentrent dans la cuisine et le loup s'assied au coin du feu.

LE LOUP

Mon Dieu ! Comme c'est bon d'être assis au chaud, près d'un fourneau. Il n'y a vraiment rien de meilleur que la vie de famille. Je l'avais toujours pensé.

Les yeux humides de tendresse, il regarde les petites qui se tien-
nent timidement à l'écart. Il lèche sa patte endolorie, expose son
ventre et son dos à la chaleur du foyer.

DELPHINE

Loup, racontez-nous des histoires.

MARINETTE

Oh, oui !

LE LOUP

Par quoi voulez-vous que je commence ? Les aventures du renard, de l'écureuil, de la taupe ou des trois lapins de la lisière ?

Rires de Delphine et de Marinette pendant les histoires.

SUR L'HISTOIRE, MUSIQUE
ON VOIT LE LOUP QUI PARLE
MAIS ON NE L'ENTEND PAS

Marinette prend son ami par le cou, s'amusant à tirer ses oreilles pointues, à le caresser à lisse-poil et à rebrousse-poil.
La première fois que Delphine fourre, par manière de jeu, sa main dans la gueule du loup, elle ne peut se défendre de remarquer :

DELPHINE

Ah ! comme vous avez de grandes dents…

Le loup a un air si gêné que Marinette lui cache la tête dans ses bras.

Excusez-moi…

LE LOUP

Ça ne fait rien.

Songeant avec délice.

Ce que je peux être bon, ce n'est pas croyable.

MARINETTE
Si on faisait un jeu.

LE LOUP
Jouer ? Mais c'est que je ne connais pas de jeu, moi.

MARINETTE
On va vous apprendre.

DELPHINE
Vous verrez, c'est facile.

ALPHONSE
En un moment, il eut appris à jouer à la main chaude, à la paume placée, à la courotte malade et à la ronde. Il n'y avait pas la moindre gêne entre les trois amis qui se tutoyaient comme s'ils s'étaient toujours connus.

MARINETTE
Loup, c'est toi qui t'y colles !

LE LOUP
Non, c'est toi ! tu as bougé, elle a bougé…

DELPHINE

Un gage pour le loup!

LE LOUP, *riant*

Je n'aurais pas cru que c'était si amusant de jouer. Quel dommage qu'on ne puisse pas jouer comme ça tous les jours!

MARINETTE

Mais, loup, tu reviendras. Nos parents s'en vont tous les jeudis après-midi. Tu guetteras leur départ et tu viendras taper au carreau comme tout à l'heure.

DELPHINE

Pour finir on va jouer au cheval. C'est un beau jeu. Loup, tu fais le cheval, Marinette monte à califourchon sur ton dos, tandis que je mène l'attelage. Allez, hue!

LE LOUP

Pouce! Laissez-moi rire… Je n'en peux plus… Ah! non, laissez-moi rire!

Marinette descend de cheval, Delphine lâche la queue du loup et, assis par terre, on se laisse aller à rire jusqu'à s'étrangler.

LE LOUP

Je n'ai jamais tant ri de ma vie.

ALPHONSE

La joie prit fin vers le soir, quand il fallut songer au départ du loup.

MARINETTE, *suppliant*

Loup, reste avec nous, on va jouer encore. Nos parents ne diront rien, tu verras…

LE LOUP

Ah, non ! Les parents, c'est trop raisonnable. Ils ne comprendraient jamais que le loup ait pu devenir bon. Les parents, je les connais.

DELPHINE

Oui, il vaut mieux ne pas t'attarder. J'aurais peur qu'il t'arrive quelque chose.

MARINETTE

Loup, reviens jeudi prochain.

LE LOUP

C'est promis.

MARINETTE, *lui nouant un ruban bleu autour du cou*

Tiens, c'est pour toi.

LE LOUP

Au revoir, petites.

DELPHINE ET MARINETTE
Au revoir, loup, à jeudi.

Le loup sort.

LE LOUP
Compère Guilleri,
Te laisseras-tu mouri…

ALPHONSE
Le loup gagne la campagne et s'enfonce dans les bois. Sa patte endolorie le fait encore souffrir, mais songeant au prochain jeudi qui le ramènera auprès des deux petites, il fredonne sans souci de l'indignation des corbeaux somnolant sur les plus hautes branches.

En rentrant à la maison, les parents reniflent sur le seuil de la cuisine.

DELPHINE ET MARINETTE
Bonsoir, parents.

LES PARENTS
Bonsoir, petites.

LE PÈRE, *reniflant*
On dirait comme une odeur de loup.

DELPHINE

Comment pouvez-vous sentir une odeur de loup ?
Si le loup était entré dans la cuisine, nous serions
mangées toutes les deux.

LE PÈRE

C'est vrai, je n'y avais pas songé. Le loup vous aurait
mangées.

MARINETTE

Ce n'est pas vrai, le loup ne mange pas les enfants, et ce
n'est pas vrai non plus qu'il soit méchant. La preuve…

*Delphine lui donne un coup de pied dans les jambes sans quoi
elle allait tout dire.*

LE PÈRE

Il faut vous méfier du loup.

LA MÈRE

Regardez ce qui est arrivé au petit Chaperon rouge.

MARINETTE

Tu sais, maman, les choses ne se sont pas du tout pas-
sées comme tu crois. Le loup n'a jamais mangé la
grand-mère. Tu penses bien qu'il n'allait pas se char-
ger l'estomac juste avant de déjeuner d'une petite
fille bien fraîche.

DELPHINE

Et puis, on ne peut pas lui en vouloir éternellement au loup…

MARINETTE

C'est une vieille histoire…

DELPHINE

Un péché de jeunesse…

MARINETTE

Et à tout péché miséricorde.

DELPHINE

Le loup n'est plus ce qu'il était dans le temps.

MARINETTE

On n'a pas le droit de décourager les bonnes volontés.

LA MÈRE

Je n'en crois pas mes oreilles.

LE PÈRE

Taisez-vous, vous n'êtes que des têtes en l'air et je vais vous dire pourquoi le loup restera toujours le loup. Il n'y a point de bon sens à espérer de le voir jamais s'améliorer et s'il fait un jour figure

d'animal débonnaire, il en sera encore plus dange-
reux.

ALPHONSE

Tandis qu'il parlait, les petites songeaient aux belles
parties de cheval et de paume placée qu'elles avaient
faites en cet après-midi, et à la grande joie du loup
qui riait, gueule ouverte, jusqu'à perdre le souffle.

LE PÈRE

On voit bien que vous n'avez jamais eu affaire au
loup…

*Comme la plus blonde donne du coude à sa sœur, les petites
éclatent d'un grand rire, à la barbe de leur père.*

LA MÈRE

Ah! Ça vous fait rire. Eh bien, allez vous coucher et
sans dîner.

Elles sortent en riant encore de la naïveté de leurs parents.

ALPHONSE

Les jours suivants, pour distraire l'impatience où
elles étaient de revoir leur ami, et avec une intention
ironique qui n'était pas sans agacer leurs parents, les
petites imaginèrent de jouer au loup.

MARINETTE, *chantant*
> *Promenons-nous dans les bois,*
> *Pendant que le loup n'y est pas,*
> *Loup y es-tu ?*
> *M'entends-tu ?*
> *Quoi fais-tu ?*

DELPHINE, *cachée sous la table de la cuisine*
Je mets ma chemise.

ALPHONSE
Marinette posait la question autant de fois qu'il était nécessaire au loup pour passer une à une toutes les pièces de son harnachement.

MARINETTE
> *Loup y es-tu ?*
> *M'entends-tu ?*
> *Quoi fais-tu ?*

DELPHINE
Je mets mes chaussettes et prends mon grand sabre.

ALPHONSE
Alors, il se jetait sur elle et la dévorait. Tout le plaisir du jeu était dans l'imprévu, car le loup n'attendait pas toujours d'être prêt pour sortir du bois. Il lui arrivait aussi bien de sauter sur sa victime alors qu'il

était en manche de chemise, ou n'ayant même pour tout vêtement qu'un chapeau sur la tête.

DELPHINE ET MARINETTE, *chantant*
Promenons-nous dans les bois…

LE PÈRE
Nous n'en pouvons plus de vous entendre chanter cette rengaine.

LA MÈRE
Elle nous casse les oreilles.

LE PÈRE
À partir d'aujourd'hui je vous l'interdis.

ALPHONSE
Bien entendu, les petites ne voulurent pas d'autres jeux et la maison demeura silencieuse jusqu'au jour du rendez-vous.

Le loup avait passé toute la matinée à laver son museau, à lustrer son poil et à faire bouffer la fourrure de son cou. Il était si beau que les habitants des bois passèrent à côté de lui sans le reconnaître d'abord. En arrivant à la maison, le loup n'eut pas besoin de cogner aux carreaux. Les deux petites l'attendaient sur le pas de la porte. On s'embrassa longuement, et plus tendrement encore que la dernière fois, car une semaine d'absence avait rendu l'amitié impatiente.

MARINETTE

Ah ! loup, la maison était triste, cette semaine. On a parlé de toi tout le temps.

DELPHINE

Et tu sais, loup, tu avais raison : nos parents ne veulent pas croire que tu puisses être bon.

LE LOUP

Ça ne m'étonne pas. Si je vous disais que tout à l'heure une vieille pie…

DELPHINE

Et pourtant, loup, on t'a bien défendu.

MARINETTE

Même que nos parents nous ont envoyées au lit sans souper.

DELPHINE

Loup, raconte-nous.

LE LOUP

Qu'est-ce que vous voulez que je vous raconte ?

MARINETTE

Dis-nous ce que tu as fait dans la semaine! Tu n'as pas eu froid?

DELPHINE

Ta patte était-elle bien guérie?

MARINETTE

As-tu rencontré le renard?

DELPHINE

La bécasse et le sanglier?

MARINETTE

Loup, quand viendra le printemps, tu nous emmèneras dans les bois, loin, là où il y a toutes sortes de bêtes. Avec toi, on n'aura pas peur.

LE LOUP

Au printemps, mes mignonnes, vous n'aurez rien à craindre dans les bois. D'ici là, j'aurai si bien prêché les compagnons de la forêt que les plus hargneux seront devenus doux comme des filles. Tenez, pas plus tard qu'avant-hier, j'ai rencontré le renard qui venait de saigner tout un poulailler. Je lui ai dit que ça ne pouvait plus continuer comme ça, qu'il fallait changer de vie. Ah! je vous l'ai sermonné d'importance! Et lui qui fait tant le malin d'habitude, savez-vous ce qu'il m'a répondu : «Loup, je ne demande qu'à suivre ton exemple. Nous en reparlerons un peu plus tard, et quand j'aurai eu le temps d'apprécier toutes tes bonnes œuvres, je ne tarderai plus à me corriger. » Voilà ce qu'il m'a répondu, tout renard qu'il est.

DELPHINE

Tu es si bon.

LE LOUP

Oh ! oui, je suis bon, il n'y a pas à dire le contraire. Et pourtant, voyez ce que c'est, vos parents ne le croiront jamais. Ça fait de la peine, quand on y pense.

Un temps mélancolique.

MARINETTE

Si on faisait une partie de cheval !

LE LOUP

Oh, oui !

ALPHONSE

Le loup se donna au jeu avec plus d'entrain encore que le jeudi précédent.

DELPHINE

Loup, si on jouait au loup ?

LE LOUP

Au loup ! Je ne sais pas y jouer.

DELPHINE

C'est simple.

MARINETTE

Mais oui.

DELPHINE

Tu fais le loup.

LE LOUP

Je fais le loup ?

DELPHINE

Oui, tu fais le loup. Tu te caches sous la table et nous dansons et chantons en tournant autour.

DELPHINE ET MARINETTE

Promenons-nous dans les bois,
Pendant que le loup n'y est pas.
Loup y es-tu ?
M'entends-tu ?
Quoi fais-tu ?

Marinette

Je mets mon caleçon.

Le loup

Je mets mon caleçon.

Delphine

Je mets ma culotte.

Le loup, *riant*

Je mets ma culotte, mes bretelles, mon faux col, mon gilet ; et j'enfile mes bottes…
Éclatant d'un rire bref et sauvage.

Delphine et Marinette continuant à chanter « Promenons-nous dans les bois ».

Alphonse

Il se sentait mal à l'aise, une angoisse lui étreignait la gorge, ses ongles grattèrent le carrelage de la cuisine. Devant ses yeux luisants, passaient et repassaient les jambes des deux petites. Un frémissement lui courut sur l'échine, ses babines se retroussèrent.

Delphine et Marinette

Loup y es-tu ?
M'entends-tu ?
Quoi fais-tu ?

LE LOUP, *d'une voix rauque*
Je prends mon grand sabre !

DELPHINE ET MARINETTE
Loup y es-tu ?
M'entends-tu ?
Quoi fais-tu ?

LE LOUP
Je monte à cheval et je sors du bois !

Le loup pousse un grand hurlement, fais un bond hors de sa cachette, la gueule béante et les griffes dehors.

ALPHONSE
Les petites n'avaient pas encore eu le temps de prendre peur, qu'elles étaient déjà dévorées.

Heureusement le loup ne savait pas ouvrir les portes. Il est demeuré prisonnier dans la cuisine.

Les parents rentrent dans la cuisine et se précipitent.

LA MÈRE
Oh ! le loup ! Il a dévoré les petites !

LE PÈRE
Vite, il faut lui ouvrir le ventre pour les délivrer.

Jeu de scène – les parents ouvrent le ventre du loup, délivrent les petites.

DELPHINE

On t'en veut un peu, loup, de nous avoir mangées,
on aurait pu encore un peu jouer, on s'amusait bien.

MARINETTE

S'il vous plaît, papa et maman, laissez-le s'en aller.

LA MÈRE

Bon, recousons-le !

ALPHONSE

On lui recousit le ventre solidement avec deux
mètres d'une bonne ficelle frottée d'un morceau de
suif et une grosse aiguille à matelas.

Les petites pleurent.

LA MÈRE

Ah ! Vous pouvez pleurer. Il est temps de regretter.

MARINETTE

On pleure parce qu'il a mal.

LA MÈRE

C'est bien vous qui nous avez priés de le laisser s'en
aller.

DELPHINE

Faites plus doucement. Il a tellement mal !

LE LOUP, *retenant ses larmes*

Je l'ai bien mérité, allez, et vous êtes encore trop bonnes de me plaindre. Je vous jure qu'à l'avenir on ne me prendra plus à être aussi gourmand. Et d'abord, quand je verrai des enfants je commencerai par me sauver. Adieu, petites.

DELPHINE ET MARINETTE

Au revoir, loup.

ALPHONSE

On croit que le loup a tenu parole. En tout cas, l'on n'a pas entendu dire qu'il avait mangé de petites filles depuis son aventure avec Delphine et Marinette.

RIDEAU

La Patte du chat

Adaptation de
Françoise Arnaud
et Michel Barré

Personnages

(par ordre d'entrée en scène)

ALPHONSE, LE CHAT

LE PÈRE

DELPHINE

MARINETTE

LA MÈRE

LE CANARD

LE COCHON

LA VACHE

LE COQ

LE CHEVAL

LA SOURIS

DÉCORS

La cour de la ferme

La cuisine

La remise (dans la cour)

LA COUR DE LA FERME

ALPHONSE

Le soir, comme ils rentraient des champs, les parents me trouvent occupé à faire ma toilette.

LE PÈRE

Allons, voilà le chat qui passe sa patte par-dessus son oreille. Il va encore pleuvoir demain.

ALPHONSE

En effet, le lendemain, la pluie tomba toute la journée. Il ne fallait pas penser aller aux champs.

LA CUISINE

LE PÈRE

On ne peut même pas mettre le nez dehors, quel sale temps !

DELPHINE ET MARINETTE

Pigeon vole, feuille vole, cochon vole *(rires)*.

LE PÈRE

Toujours jouer, toujours s'amuser. Des grandes filles comme ça.

LA MÈRE

Au lieu de s'occuper à un ouvrage de couture ou d'écrire à leur oncle Alfred. Ce serait pourtant plus utile.

LE PÈRE

C'est comme le chat. Il n'en fait pas lourd non plus toute la journée. Il ne manque pourtant pas de souris qui trottent de la cave au grenier. Mais Monsieur aime mieux se laisser nourrir à ne rien faire.

LA MÈRE

C'est moins fatigant.

ALPHONSE

Vous trouvez toujours à redire à tout. La journée est faite pour dormir et pour se distraire. La nuit, quand je galope à travers le grenier, vous n'êtes pas derrière moi pour me faire des compliments.

LE PÈRE

C'est bon, c'est bon.

LA MÈRE

Tu as toujours raison, quoi.

Ils sortent.

ALPHONSE

Vers la fin de l'après-midi, la pluie continuait à tomber et, pendant que les parents étaient occupés à l'écurie, les petites se mirent à jouer autour de la table.

DELPHINE ET MARINETTE, *jouant*

Chat.

ALPHONSE

Vous ne devriez pas jouer à ça. Vous allez encore casser quelque chose. Et les parents vont crier.

DELPHINE

Si on t'écoutait, on ne jouerait jamais à rien.

MARINETTE

C'est vrai. Avec Alphonse il faudrait passer son temps à dormir.

ALPHONSE

Faites attention au plat de faïence qui est sur la table, il est dans la maison depuis cent ans et vos parents y tiennent beaucoup.

En courant, Delphine et Marinette font glisser le plat en faïence qui tombe sur le carrelage où il fait plusieurs morceaux.

DELPHINE

Alphonse! le plat en faïence. Il est cassé. Qu'est-ce qu'on va faire?

ALPHONSE

Bon! Ramassez les débris et allez les jeter dans un fossé. Les parents ne s'apercevront peut-être de rien. Trop tard. Les voilà qui rentrent.

Les parents rentrent dans la cuisine.

LA MÈRE

Malheureuses! Un plat qui était dans la famille depuis cent ans! Et vous l'avez mis en morceaux!

LE PÈRE

Vous n'en ferez jamais d'autres, deux monstres que vous êtes. Mais vous serez punies. Défense de jouer et au pain sec!

LA MÈRE

Non pas de pain sec. La punition est trop douce, il faut trouver autre chose.

LE PÈRE, *en aparté avec la mère*
Mélina…

LA MÈRE

Demain, s'il ne pleut pas… demain… ha! ha! ha!
demain, vous irez voir la tante Mélina!

Les parents regardent les petites avec un sourire cruel.

DELPHINE ET MARINETTE

Non, pas la tante Mélina, par pitié, on vous supplie.

LE PÈRE

Pas de prière qui tienne! S'il ne pleut pas, vous irez
chez la tante Mélina lui porter un pot de confiture.

ALPHONSE

La tante Mélina était une très vieille et très
méchante femme, qui avait une bouche sans dent et
un menton plein de barbe.

DELPHINE

Quand on va la voir au village, elle ne se lasse pas de
nous embrasser et elle nous pique avec sa barbe.

MARINETTE

En plus elle en profite pour nous pincer et nous tirer
les cheveux.

DELPHINE

À chaque fois elle nous oblige à manger du pain et

du fromage complètement moisi. Et elle le fait exprès.

ALPHONSE

En outre, la tante Mélina trouvait que ses deux petites nièces lui ressemblaient beaucoup et affirmait qu'avant la fin de l'année elles seraient devenues ses deux fidèles portraits, ce qui était effrayant à penser.

Pauvres enfants. Pour un vieux plat déjà ébréché, c'est être bien sévère.

LE PÈRE

De quoi te mêles-tu ? Mais puisque tu les défends, c'est peut-être que tu les a aidées à casser le plat ?

DELPHINE

Oh ! non. Alphonse n'a pas bougé.

LE PÈRE

Silence ! Ah ! vous êtes bien tous les mêmes. Vous vous soutenez tous. Il n'y en a pas un pour racheter l'autre. Un chat qui passe ses journées à dormir…

ALPHONSE

Puisque vous le prenez sur ce ton-là, j'aime mieux m'en aller. Marinette, ouvre-moi la porte.

Marinette ouvre la porte et le chat sort dans la cour.
La pluie vient juste de cesser.

LA MÈRE, *de bonne humeur*

Le ciel est en train de se ressuyer. Demain vous aurez un temps superbe pour aller chez la tante Mélina. C'est une chance.

LE PÈRE

Assez pleuré! Ce n'est pas ça qui raccommodera le plat. Allez plutôt chercher du bois dans la remise.

DELPHINE ET MARINETTE

Bien, parents.

Les petites sortent.

LA REMISE

DELPHINE ET MARINETTE, *souriant joyeusement*

Alphonse.

ALPHONSE

Quoi donc mes petites?

MARINETTE

On a pensé à quelque chose.

DELPHINE

Demain, si tu voulais, on n'irait pas chez la tante Mélina.

ALPHONSE

Je ne demande pas mieux, mais tout ce que je peux dire aux parents n'empêchera rien, malheureusement.

DELPHINE

Tu sais ce qu'ils ont dit ? Qu'on irait chez la tante Mélina s'il ne pleuvait pas.

ALPHONSE

Alors ?

DELPHINE

Eh bien ! Tu n'aurais qu'à passer ta patte derrière ton oreille. Il pleuvrait demain et on n'irait pas chez la tante Mélina.

ALPHONSE

Tiens, c'est vrai, je n'y aurais pas pensé. Ma foi, c'est une bonne idée.

Il se met aussitôt à passer sa patte derrière son oreille. Il la passe plus de cinquante fois.

Cette nuit, vous pourrez dormir tranquillement. Il pleuvra demain à ne pas mettre un chien dehors.

On entend les parents restés dans la cuisine.

Le père, *off*
As-tu préparé le pot de confiture pour la tante Mélina?

La mère
Oui. Elle sera contente de revoir ses nièces. Je suis sûre qu'elle leur a préparé à goûter avec du bon pain et du fromage comme d'habitude.

Rires des petites avec Alphonse.

Le père
Pour une belle nuit, c'est une belle nuit.

La mère
On n'a peut-être jamais tant vu d'étoiles au ciel!

Le père
Demain, il fera bon d'aller sur les routes.

Alphonse
Mais le lendemain, le temps était gris et, de bonne heure, la pluie se mit à tomber.

LE PÈRE

Oh! Ce n'est rien, ça ne peut pas durer.

LA MÈRE

Allez les petites! mettez votre robe du dimanche et un ruban rose dans les cheveux!

DELPHINE ET MARINETTE

Oui, maman!

ALPHONSE

Mais il plut toute la matinée et l'après-midi jusqu'à la tombée du soir. Il avait bien fallu ôter les robes du dimanche et les rubans roses. Pourtant, les parents restaient de bonne humeur.

LA MÈRE

Ce n'est que partie remise. La tante Mélina, vous irez la voir demain. Le temps commence à s'éclaircir. En plein mois de mai, ce serait quand même bien étonnant s'il pleuvait trois jours d'affilée.

ALPHONSE

Ce soir-là, en faisant ma toilette, je me passais encore la patte derrière mon oreille. Et le lendemain fut jour de pluie.

LE PÈRE

Leur punition est encore retardée, et on ne peut même pas aller travailler aux champs !

LA MÈRE

Quelle tristesse, et ces deux-là qui ne sont bonnes qu'à casser des plats.

LE PÈRE

Une visite à la tante Mélina vous fera du bien. Au premier jour de beau temps, vous y filerez depuis le grand matin.

En colère, à Alphonse.

C'est encore un coup du chat avec sa maudite patte, je vais le rosser à coups de balai.

LA MÈRE

Et moi lui mettre un bon coup de pied dans les fesses !

ALPHONSE

Oh ! Oh ! Vous êtes plus méchants que je ne pensais. Vous m'avez battu sans raison, mais, parole de chat, vous vous en repentirez.

LA MÈRE

Dehors! Inutile! Fainéant!

ALPHONSE

Sans cet incident, provoqué par les parents, je me serais bientôt lassé de faire pleuvoir. Mais je gardais des coups de pied et des coups de balai un souvenir si vif que les petites n'eurent plus besoin de me prier pour que je passe ma patte derrière mon oreille. J'en faisais désormais une affaire personnelle.

LA MÈRE

Il n'arrête pas de pleuvoir depuis huit jours d'affilée, sans arrêt, du matin au soir!

LE PÈRE

Et nos récoltes pourrissent sur pied.

ALPHONSE

Ils avaient oublié le plat de faïence et la visite à la tante Mélina. Ils se mirent à me regarder de travers et à chaque instant, ils tenaient à voix basse de longs conciliabules dont personne ne put deviner le secret.

Un matin, de bonne heure, on était au huitième jour de pluie.

LE PÈRE

Tu es prête la mère?

LA MÈRE

Attends ! Je finis de coudre ce sac.

ALPHONSE

Vous sortez, parents ?

LE PÈRE

Oui, nous allons à la gare, expédier des sacs de pommes de terre à la ville.

ALPHONSE

Malgré le mauvais temps ?

LE PÈRE

Malgré le mauvais temps.

DELPHINE

C'est pour quoi faire cette pierre ?

LES PARENTS

Hum ! Hum !

MARINETTE

À quoi va servir le sac que vous cousez ?

LA MÈRE

Hum ! Hum ! c'est un envoi à joindre aux sacs de pommes de terre.

ALPHONSE

Hum! Hum! Je n'aime pas beaucoup ça.

LE PÈRE

Allons, viens, Alphonse. On y va.

LA MÈRE

Alphonse, tu as un bol de lait frais. Allez, viens.

ALPHONSE, *surpris de ces bons procédés*

Je vous remercie, vous êtes bien aimables.

ALPHONSE, *dans le sac*

Qu'est-ce qui vous prend? Vous perdez la tête, parents! Au secours!

DELPHINE

Mais, que faites-vous à Alphonse? Pourquoi le mettez-vous dans ce sac?

MARINETTE

Ne mettez pas cette grosse pierre! Ne fermez pas le sac! Il va étouffer!

LE PÈRE

On ne veut plus d'un chat qui passe sa patte derrière son oreille tous les soirs. Assez de pluie comme ça. Puisque tu aimes tant l'eau, mon garçon, tu vas en avoir tout ton saoul. Dans cinq minutes, tu feras ta toilette au fond de la rivière.

DELPHINE ET MARINETTE

On ne vous laissera pas jeter Alphonse dans la rivière.

LE PÈRE, *criant*

Vous ne nous empêcherez pas de noyer cette sale bête qui passe son temps à faire pleuvoir !

LA MÈRE

Parfaitement !

MARINETTE

Je vous en supplie !

DELPHINE

Laissez la vie à notre chat.

LE PÈRE, *d'une voix d'ogre*

Non, non ! Pas de pitié pour les mauvais chats !

LA MÈRE

Hé ! le père, il est presque huit heures, nous allons arriver en retard à la gare.

En hâte, ils agrafent leurs pèlerines, relèvent leurs capuchons.

Le père, *aux petites avant de quitter la cuisine*

On n'a plus le temps d'aller à la rivière maintenant. Ce sera pour midi, à notre retour. D'ici là, ne vous avisez pas d'ouvrir le sac. Si jamais Alphonse n'était pas là à midi, vous partiriez aussitôt chez la tante Mélina pour six mois.

La mère

Et peut-être pour la vie.

Les parents ne sont pas plus tôt sur la route que Delphine et Marinette dénouent la ficelle du sac. Alphonse passe la tête par l'ouverture.

Marinette

Pauvre Alphonse.

Delphine

On ne te laissera pas jeter à la rivière.

Delphine et Marinette

Sauve-toi, va-t'en.

Alphonse

Petites, j'ai toujours pensé que vous aviez un cœur d'or. Mais je serais un bien triste chat si j'acceptais, pour me sauver, de vous voir passer six mois chez la tante Mélina. À ce prix-là, j'aime cent fois mieux être jeté à la rivière.

MARINETTE

La tante Mélina n'est pas si méchante qu'on le dit et six mois seront vite passés.

ALPHONSE

Non, non, je ne veux plus rien entendre ! J'ai pris ma résolution.

Il rentre sa tête dans le sac.

DELPHINE

Je t'en supplie, chat, sors de ce vilain sac, il faut te sauver.

ALPHONSE

Non, non, non.

MARINETTE

Je vais demander conseil au canard, car il est avisé et très sérieux. Canard, Canard.

Elle sort suivie de Delphine.

Marinette parle au canard à voix basse. Pour mieux réfléchir, il cache sa tête sous son aile.

LE CANARD

J'ai beau me creuser la cervelle, je ne vois pas le

moyen de décider Alphonse à sortir de son sac. Je le connais, il est entêté. Si on le fait sortir de force, rien ne pourra l'empêcher de se présenter aux parents à leur retour. Sans compter que je lui donne entièrement raison. Pour ma part, je ne vivrais pas en paix avec ma conscience si vous étiez obligées, par ma faute, d'obéir à la tante Mélina.

DELPHINE

Et nous, alors ? Si Alphonse est noyé, est-ce que notre conscience ne nous fera pas de reproches ?

LE CANARD

Bien sûr, bien sûr. Il faudrait trouver quelque chose qui arrange tout. Mais j'ai beau chercher, je ne vois vraiment rien.

MARINETTE

Si on consultait toutes les bêtes de la ferme. Delphine, va chercher le cheval et la vache pendant que je fais entrer le coq et le cochon dans la cuisine.

Delphine amène à la fenêtre le cheval et la vache. Marinette fait entrer le cochon et le coq et leur désigne leur place. Alphonse sort la tête du sac.

LE CANARD

Tout le monde est là ? Je vais vous mettre au courant de la situation.

MIME CANARD
SUR UNE MUSIQUE, IL MET LES BÊTES
AU COURANT DE LA SITUATION

Quelqu'un a-t-il une idée?

LE COCHON
Moi! J'ai une idée! À midi, quand les parents ren-
treront, je leur parlerai. Je leur ferai honte d'avoir eu
d'aussi mauvaises pensées. Je leur expliquerai que la
vie des bêtes est sacrée et qu'ils commettraient un
crime affreux en jetant Alphonse à la rivière. Ils me
comprendront sûrement.

LE CANARD, *hochant la tête*
Tu sais bien que tu es promis au saloir et tes raisons
ne peuvent être d'un grand poids auprès des parents.
Quelqu'un d'autre a-t-il une idée?

LE COCHON
Moi! J'ai une autre idée.

LE CANARD
Encore!

LE COCHON
Vous n'aurez qu'à laisser faire le chien. Quand les

parents emporteront le sac, il leur mordra les mollets jusqu'à ce qu'ils aient délivré le chat.

MARINETTE

Oui, c'est une bonne idée.

DELPHINE

Oui, peut-être, mais c'est ennuyeux de mordre les mollets de nos parents.

LA VACHE

Meuh… meuh…

LE CANARD

La vache demande la parole !

LA VACHE, *à la fenêtre*

Le chien est trop obéissant pour oser s'en prendre aux parents.

LE COCHON

C'est vrai, il est trop obéissant.

LA VACHE

Il y aurait une chose bien simple. Alphonse n'a qu'à sortir du sac et on mettra une bûche de bois à sa place.

Les paroles de la vache sont accueillies par une rumeur d'admiration.

ALPHONSE, *secouant la tête*

Impossible ! les parents s'apercevront que dans le sac rien ne bouge, rien ne parle ni ne respire et ils auront tôt fait de découvrir la vérité.

DELPHINE

Alphonse a raison, il faut en convenir.

Murmures de découragement.

LE CHEVAL, *à la fenêtre, hennissant, puis toussant*

Je demande la parole ! je suis un vieux cheval pelé, tremblant sur mes jambes, et les parents ne m'utilisent plus guère. Je n'ai plus longtemps à vivre. Tant qu'à finir mes jours, il vaut mieux que ce soit pour quelque chose d'utile. Alphonse est jeune ! Alphonse a encore un bel avenir de chat ! Il est donc bien naturel que je prenne sa place dans le sac.

MARINETTE

Merci, tu es vraiment trop bon !

DELPHINE, *le caressant*

Nous sommes touchés par ton offre !

Tout le monde se montre très touché par la proposition du cheval.

ALPHONSE, *ému sortant du sac*

Tu es le meilleur des amis et la plus généreuse des bêtes.

Delphine et Marinette se mettent à renifler et le cochon éclate en sanglots. Le chat s'essuie les yeux avec sa patte.

Malheureusement, ce que tu me proposes là est impossible, et je le regrette. Mais je tiens juste dans le sac et il ne peut être question pour toi de prendre ma place. Ta tête n'entrerait même pas tout entière.

DELPHINE

C'est évident, nous ne pouvons rien faire, la substitution est impossible.

MARINETTE

À côté d'Alphonse, le cheval va faire figure de géant.

LE COQ

Le cheval et Alphonse ! *(rire)* C'est d'un comique ! *(rire)*

LE CANARD

Silence ! Nous n'avons pas le cœur à rire et je croyais

que vous l'aviez compris. Mais vous n'êtes qu'un galo-
pin. Faites-nous donc le plaisir de prendre la porte.

LE COQ

Dites donc, vous, mêlez-vous de vos affaires! Est-ce
que je vous demande l'heure qu'il est?

LE COCHON, *murmurant*

Mon Dieu, qu'il est donc vulgaire!

TOUTES LES BÊTES

À la porte! À la porte, le coq! À la porte, le vulgaire!
À la porte!

Le coq, la crête très rouge, traverse la cuisine, sous les huées.

LE COQ

Je me vengerai, je me vengerai…

Le coq sort.

DELPHINE

La vache a raison. Alphonse n'a qu'à sortir du sac et
on mettra une bûche de bois à la place.

MARINETTE

Et l'envelopper de chiffons pour donner plus de
moelleux.

LE CANARD

Eh bien voilà ! Si on m'écoutait.

LA REMISE

Comme la pluie tombe, il va se réfugier dans la remise. Au bout de quelques minutes, Marinette y vient à son tour et, avec beaucoup de soin, choisit une bûche dans une pile de bois.

LE COQ, *d'une voix aimable*

Je pourrais peut-être t'aider à trouver ce que tu cherches ?

MARINETTE

Oh ! non. Je cherche une bûche qui ait une forme…, enfin une forme.

LE COQ

Une forme de chat, quoi. Mais comme le disait Alphonse, les parents verront bien que la bûche ne bouge pas.

MARINETTE

Justement non. Le canard a eu l'idée de…

LE CANARD, *en aparté à Marinette*

Marinette, méfie-toi du coq.

Marinette quitte la remise avec la bûche qu'elle vient de choisir.
Elle court sous la pluie et entre dans la cuisine. Delphine sort
avec Alphonse, lui ouvre la porte de la grange, et l'attend sur le
seuil.

DELPHINE
Ils arrivent ?

MARINETTE
Pas encore.

DELPHINE
Alphonse ! Alphonse !

LE COQ
Mais qu'est-ce qu'il se passe ? Que font-ils ?

DELPHINE
Il est quelle heure ?

On entend sonner douze coups.

MARINETTE
Midi.

DELPHINE
Et Alphonse qui ne revient pas.

À l'exception du canard, toutes les bêtes ont évacué la cuisine et gagné un abri.

MARINETTE

Tout est perdu. On dirait… Tu entends ?

Bruit de carriole.

Voilà les parents qui rentrent.

DELPHINE

Tant pis ! Je vais enfermer Alphonse dans la grange. Après tout, on ne mourra pas d'aller passer six mois chez la tante Mélina.

ALPHONSE

J'en ai une, j'ai une souris !

LE CANARD

Vite, vite, les parents arrivent.

Le chat et Delphine à sa suite se précipitent à la cuisine. Marinette ouvre la gueule du sac où elle a déjà placé la bûche, enveloppée de chiffons pour donner plus de moelleux. Alphonse y laisse tomber la souris qu'il tient et le sac est aussitôt refermé. Les parents arrivent au bout du jardin.

Le canard se penchant sur le sac.

Souris, le chat a eu la bonté de te laisser la vie, mais c'est à une condition. M'entends-tu?

VOIX DE LA SOURIS, *d'une toute petite voix*
Oui, j'entends.

LE CANARD
On ne te demande qu'une chose, c'est de marcher sur la bûche qui est enfermée avec toi, de façon à faire croire qu'elle remue.

VOIX DE LA SOURIS
C'est facile. Et après?

LE CANARD
Après, il va venir des gens qui emporteront le sac pour le jeter à l'eau.

VOIX DE LA SOURIS
Oui, mais…

LE CANARD
Pas de mais! Au fond du sac, il y a un petit trou. Tu pourras l'agrandir si c'est nécessaire et quand tu entendras aboyer un chien près de toi, tu t'échapperas. Mais pas avant qu'il ait aboyé, sans quoi il te tuerait. C'est compris? Surtout, quoiqu'il arrive, ne pousse pas un cri, ne prononce pas une parole.

Bon, je vais faire le gué. Les parents, voilà les parents.

Les petites se frottent les yeux pour les avoir rouges.
Les parents rentrent.

LE PÈRE

Quel vilain temps !

LA MÈRE

La pluie a traversé nos pèlerines. Quand on pense que c'est à cause de cet animal de chat !

ALPHONSE

Si je n'étais pas enfermé dans un sac, j'aurais peut-être le cœur à vous plaindre.

Le chat, blotti dans le coffre à bois, se trouve juste sous le sac d'où semble sortir sa voix à peine assourdie. À l'intérieur de sa prison, la souris va et vient sur la bûche et fait bouger la toile du sac.

LE PÈRE

Nous autres, parents, nous ne sommes pas à plaindre. C'est bien plutôt toi qui te trouves en mauvaise posture.

LA MÈRE

Mais tu ne l'as pas volé. Je vais préparer la soupe.

ALPHONSE, *off*

Allons, parents, allons ! Vous n'êtes pas aussi méchants que vous vous en donnez l'air. Laissez-moi sortir du sac et je consens à vous pardonner.

LE PÈRE

Nous pardonner ! Voilà, qui est plus fort que tout. C'est peut-être nous qui faisons pleuvoir tous les jours de la semaine ?

ALPHONSE, *off*

Oh ! non, vous en êtes bien incapables. Mais l'autre jour, c'est bien vous qui m'avez battu injustement. Monstres ! Bourreaux ! Sans cœur !

LE PÈRE

Ah ! la sale bête de chat !

LA MÈRE

Le voilà qui nous insulte !

Ils sont si en colère qu'ils se mettent à taper sur le sac avec un manche à balai. La bûche emmaillotée reçoit de grands coups, et tandis que la souris, effrayée, fait des bonds à l'intérieur du sac, Alphonse pousse des hurlements de douleur.

LE PÈRE

As-tu ton compte cette fois ?

LA MÈRE

Et diras-tu encore que nous n'avons pas de cœur ?

ALPHONSE

Je ne vous parle plus. Vous pouvez dire ce qu'il vous plaira. Je n'ouvrirai plus la bouche à de méchantes gens comme vous.

LA MÈRE

À ton aise, mon garçon.

LE PÈRE

Il est temps d'en finir. Allons, en route pour la rivière.

LA MÈRE

Delphine, Marinette, mettez la table, on mangera à notre retour.

Les parents se saisissent du sac et, malgré les cris que poussent les petites, sortent de la cuisine.
Comme ils passent devant la remise, le coq les interpelle.

LE COQ

Alors, parents, vous allez noyer ce pauvre Alphonse ? Mais dites-moi, il doit être déjà mort. Il ne remue pas plus qu'une bûche de bois.

Les parents donnent un coup d'œil au sac qu'ils tiennent caché sous une pèlerine.

LA MÈRE

Pourtant ce n'est pas ce qui l'empêche de se donner du mouvement.

LE COQ

C'est vrai, mais on ne l'entend pas plus que si vous aviez dans votre sac une bûche au lieu d'un chat.

LE PÈRE

En effet, il vient de nous dire qu'il n'ouvrirait plus la bouche, même pour nous répondre.

LE COQ

Bon voyage, chat ! Bon voyage !

Alphonse sort du coffre et danse une ronde avec les petites au milieu de la cuisine.

ALPHONSE, DELPHINE ET MARINETTE

Dansons la capucine
Y a plus de pain chez nous
Y en a chez la voisine
Ce ne s'ra pas pour nous…

LE CANARD

Je ne veux pas troubler votre joie, mais je suis soucieux. Les parents pourraient s'apercevoir de la substitution. Maintenant il faut songer à être prudent. Il ne s'agit pas qu'à leur retour les parents te trouvent dans la cuisine. Alphonse, il est temps d'aller t'installer au grenier, et souviens-toi de n'en jamais descendre dans la journée.

DELPHINE

Tous les soirs, tu trouveras dans la remise de quoi manger et un bol de lait.

MARINETTE

Et dans la journée, on montera au grenier pour te dire bonjour.

ALPHONSE

Et moi, j'irai vous voir dans votre chambre. Le soir, en vous couchant, vous n'aurez qu'à laisser la fenêtre entrebâillée.

Les petites et le canard accompagnent le chat jusqu'à la porte du grenier.

LE CANARD

La souris est de retour! Elle est trempée. Figurez-vous qu'elle a bien failli être noyée. Le chien n'a aboyé qu'à la dernière seconde, quand les parents étaient déjà au bord de la rivière. Il s'en est fallu de rien qu'ils la jettent dans l'eau avec le sac. Enfin, tout s'est bien passé. Elle ne s'est pas attardée et a filé au grenier.

Les petites mettent la table en chantant « Dansons la capucine ».

LA MÈRE, *rentrant, choquée*
Vraiment, la mort de ce pauvre Alphonse n'a pas l'air de vous chagriner beaucoup. Ce n'était pas la peine de crier si fort quand il est parti. Allez, à table ! Il méritait pourtant d'avoir des amis plus fidèles. Au fond, c'était une excellente bête et qui va nous manquer.

MARINETTE
On a beaucoup de peine, mais puisqu'il est mort, ma foi, il est mort. On n'y peut plus rien.

DELPHINE
Après tout, il a bien mérité ce qui lui est arrivé.

LE PÈRE
Voilà des façons de parler qui ne nous plaisent pas. Vous êtes des enfants sans cœur. On a bien envie, ah ! oui, bien envie de vous envoyer faire un tour chez la tante Mélina.

LA MÈRE

Je n'arrive pas à avaler ! Ça ne passe pas.

LE PÈRE

Moi non plus, je ne peux presque rien manger.

LA MÈRE

Ce n'est pas le chagrin qui vous coupe l'appétit. Si ce pauvre Alphonse pouvait nous voir, il comprendrait où étaient ses vrais amis.

Ils ne peuvent retenir des larmes et se mettent à sangloter dans leurs mouchoirs.

DELPHINE

Voyons, parents, voyons, un peu de courage. Il ne faut pas se laisser aller. Ce n'est pas de pleurer qui va ressusciter Alphonse. Bien sûr, vous l'avez mis dans un sac, assommé à coups de bâton et jeté à la rivière, mais pensez que c'était pour notre bien à tous, pour rendre le soleil à nos récoltes.

MARINETTE

Soyez raisonnables. Tout à l'heure, en partant pour la rivière, vous étiez si courageux, si gais !

ALPHONSE

Tout le reste de la journée, les parents furent tristes.

Mais le lendemain matin, le ciel était clair, la campagne ensoleillée, et ils ne pensaient plus guère à moi.

Pour les petites, elles n'avaient pas besoin de penser à moi. Je ne les quittais presque pas. Profitant de l'absence des parents, j'étais dans la cour du matin au soir et je ne me cachais qu'aux heures des repas. La nuit, je les rejoignais dans leur chambre.

Un soir qu'ils rentraient à la ferme, le coq vint à la rencontre des parents.

LE COQ

Je ne sais pas si c'est une idée, mais il me semble avoir aperçu Alphonse dans la cour.

LE PÈRE

Ce coq est idiot.

LE COQ, *suivant les parents*

Si Alphonse n'était pas au fond de la rivière, je jurerais bien l'avoir vu cet après-midi jouer avec les petites.

LA MÈRE

Il est de plus en plus idiot, avec ce pauvre Alphonse.

Les parents considèrent le coq avec beaucoup d'attention. Ils se mettent à parler tout bas sans le quitter des yeux.

Ce coq est une pauvre cervelle, mais il a joliment bonne mine et on ne s'en apercevait pas.

LE PÈRE
Le fait est qu'il est à point et qu'on ne gagnerait rien à le nourrir plus longtemps.

LE COQ, *off*
À l'assassin !

ALPHONSE
Le coq fut saigné au moment où il se préparait à parler de moi. On le fit cuire à la cocotte et tout le monde fut très content de lui.

LA CUISINE

Il y avait quinze jours que je passais pour mort et le temps était toujours aussi beau. Pas une goutte de pluie n'était tombée. Les parents disaient que c'était une chance.

LE PÈRE, *avec inquiétude*
C'est une chance, mais il ne faudrait tout de même pas que ça dure trop longtemps. Ce serait la sécheresse.

LA MÈRE
Une bonne pluie arrangerait bien les choses.

ALPHONSE

Au bout de vingt-trois jours, il n'avait toujours pas plu. La terre était si sèche que rien ne poussait plus. Les blés, les avoines, les seigles ne grandissaient pas et commençaient à jaunir.

LE PÈRE

Encore une semaine de ce temps-là et tout sera grillé.

LA MÈRE

Si les petites n'avaient pas cassé le plat en faïence, il n'y aurait jamais eu d'histoire avec le chat et il serait encore là pour nous donner la pluie.

LES PARENTS

Alphonse ! Alphonse !

LA MÈRE, *au père*

Bon. Je vais réveiller les petites.

Dans la chambre.

Delphine ! Marinette ! Il est l'heure ! Allez, réveillez-vous. Le soleil est déjà chaud et ce n'est pas encore aujourd'hui qu'il pleuvra… Ah ! ça, mais… Hé ! le père !

LE PÈRE

Qu'est-ce qu'il y a, la mère ?

LA MÈRE

C'est la queue d'un chat qui passe par la courte-pointe !

LE PÈRE, *allant à la porte et tirant le chat dans la cuisine*

Ah ! ça, mais c'est Alphonse !

ALPHONSE

Oui, c'est moi, mais lâchez-moi, vous me faites mal.

DELPHINE

Oui, c'est bien Alphonse, on vous l'avoue. On va vous expliquer : le jour de la noyade…

MARINETTE

On avait mis une bûche et enfermé une souris dans le sac !

DELPHINE

C'était pour votre bien, pour vous éviter de faire mourir un pauvre chat qui ne le méritait pas.

LA MÈRE

Vous nous avez désobéi. Ce qui est promis est promis.

LE PÈRE

Vous allez filer chez la tante Mélina.

ALPHONSE

Ah! C'est comme ça? Eh bien! moi aussi, je vais chez la tante Mélina, et je pars le premier.

LE PÈRE

Non, je t'en prie Alphonse, reste avec nous à la ferme, nous avons été maladroits.

LA MÈRE

Je t'en supplie! Nous t'aimons! Nous ne voulons plus te perdre!

ALPHONSE

Je ne veux pas vous entendre. Vous avez beau me supplier vous ne pensez qu'à vos récoltes.

LE PÈRE

Non, c'est pour toi! Et nous te promettons que les petites ne quitteront pas la ferme et n'iront pas chez la tante Mélina!

ALPHONSE

Puisque j'ai votre promesse, soit, je consens à rester.

LA COUR DE LA FERME

Le soir de ce même jour – le plus chaud qu'on ait jamais vu – Delphine, Marinette, les parents et toutes les bêtes de la ferme, formèrent un grand cercle dans la cour.

Au milieu du cercle, Alphonse passe plus de cinquante fois sa patte derrière l'oreille.

Le lendemain matin, après vingt-cinq jours de sécheresse, il tombait une bonne pluie, rafraîchissant bêtes et gens. Dans le jardin, dans les champs et dans les prés, tout se mit à pousser et à reverdir. La semaine suivante, il y eut encore un heureux événement. Ayant eu l'idée de raser sa barbe, la tante Mélina avait trouvé sans peine à se marier et s'en allait habiter avec son nouvel époux à mille kilomètres de chez les petites.

RIDEAU

Petit carnet
de mise en scène

Françoise Arnaud et Michel Barré

Avant-propos

Marcel Aymé, mon grand-père

Marcel Aymé était mon grand-père. Il est né le 29 mars 1902, à Joigny, dans l'Yonne, et décédé le 14 octobre 1967 à Paris. C'est lui qui m'a élevée, avec ma grand-mère, pourtant il ne me parlait jamais de son œuvre. C'était un homme très secret, qui se confiait très peu, préférant écouter ce qu'on lui disait et observer les gens autour de lui. Son ami, l'auteur Antoine Blondin, disait : « Marcel Aymé parlait peu, il aimait observer, il était perdu dans vos pensées. » C'était un homme très simple, un homme qui aimait beaucoup les enfants et les animaux.

Plus tard, je suis devenue comédienne – peut-être parce que j'ai baigné dans une atmosphère théâtrale dès l'enfance. Ainsi, j'ai eu la chance de créer la dernière pièce de Marcel Aymé, *La Convention Belzébir*, en 1966, puis j'ai joué plusieurs de ses pièces : *Les Oiseaux de Lune*, créée en 1957, qui raconte l'histoire d'un surveillant de boîte à bachot acquérant le pouvoir de changer les gens en oiseaux, et *Les Quatre Vérités*, en 1954. Enfin, j'ai tourné dans le film d'Yves Robert, *Clérambard*, d'après la pièce qui avait été créée en 1950.

C'est en 1997, à l'occasion du trentième anniversaire de la mort de Marcel Aymé, que j'ai eu l'idée d'adapter pour le théâtre *Les Contes du chat perché*. J'ai alors demandé à Michel Barré de contribuer au travail d'adaptation; c'est également avec lui que j'ai ensuite mis en scène ces adaptations, et ensemble nous avons conçu ce «Petit carnet de mise en scène».

Du conte à la pièce de théâtre

Nous avons choisi trois contes : *Le Chien*, *Le Loup* et *La Patte du chat*. Les deux premiers ont été publiés aux éditions Gallimard en 1934 – à la même époque, mon grand-père écrivait le recueil de nouvelles intitulé *Le Nain*, ainsi que deux autres *Contes du chat perché* : *Les Bœufs* et *Le Petit Coq noir*. Le troisième conte fut édité en 1941 – à cette même période, sont publiés deux romans de Marcel Aymé : *La Belle Image*, *Travelingue*, et un autre conte, *Les Boîtes de peinture*.

Avec ces trois contes, qui me semblaient les plus faciles à adapter pour des représentations théâtrales, nous avons fait une tournée pour le public scolaire à travers la France. Ils ont ensuite été repris à Paris, au théâtre de l'Atelier, lieu où plusieurs pièces de Marcel Aymé avaient déjà vu le jour, notamment *La Tête des autres*, en 1952, qui met en scène le thème de la corruption des magistrats et celui de la peine de mort, qui existait encore en France à l'époque.

Nous avons respecté le texte original qui comportait déjà quelques dialogues. Si vous relisez les contes, vous verrez que nous avons changé peu de choses, mais il fallait rendre les répliques plus directes pour la scène. Nous avons aussi conservé le personnage du chat, Alphonse, en raconteur d'histoires, fidèle en cela à ce que mon grand-père avait écrit dans son introduction aux *Contes* : *Je me suis assis sous un pommier, et le chat m'a raconté des aventures qu'il était seul à connaître, parce qu'elles sont arrivées à des bêtes du voisinage et à deux petites filles qui sont ses amies. Ces* Contes du chat perché, *je les donne ici sans rien y changer. L'opinion de mon ami le chat est qu'ils conviennent à tous les enfants qui sont encore en âge où on peut comprendre les bêtes et parler avec elles.*

D'ailleurs, saviez-vous que Marcel Aymé avait eu, après la guerre de 1940, un chat qui s'appelait Alphonse ? Peut-être était-ce à cause de celui des *Contes*...

L'univers de Marcel Aymé

Le Chien, *Le Loup* et *La Patte du chat* nous font pénétrer dans un monde où le merveilleux côtoie sans cesse le fantastique. Et l'écrivain nous entraîne dans son univers magique sans jamais ne laisser entrevoir de préférence pour aucun de ses personnages, laissant au lecteur le soin de faire la part entre les bons et les méchants.

Pour mieux comprendre l'univers fantastique de Marcel Aymé, vous auriez avantage à lire certaines de ses nouvelles, notamment *Le Passe-Muraille*, écrite en 1943, qui raconte l'histoire d'un homme possédant le don de passer à travers les murs. Ou un recueil de nouvelles intitulé *Enjambées*, publié en 1967, dont *Les Chiens de notre vie*, qui évoque toute la tendresse d'une personne pour les chiens qu'elle a eus et conte leurs histoires à des enfants. Ou encore *Les Bottes de sept lieues*, qui nous entraîne dans le rêve d'un enfant pauvre qui souhaite posséder des bottes qu'il a vues dans la boutique d'un marchand.

Enfin, n'hésitez pas à lire *La Fabrique*, récit qui m'a fait tant pleurer, car il raconte l'histoire d'enfants obligés de travailler alors qu'ils sont très malades, leurs parents étant dans la misère. Cette nouvelle est encore d'actualité dans bien des pays.

La lecture de ces œuvres de Marcel Aymé vous serait certainement très profitable avant d'entreprendre la mise en scène de ces trois *Contes du chat perché* qui ont déjà fait rêver plusieurs générations.

Qu'est-ce qu'un théâtre ?

Avant d'aborder la question centrale de la mise en scène, je voudrais vous expliquer de façon très brève ce qu'est un théâtre.

C'est un lieu composé de trois parties essentielles.

La salle : elle est destinée au public et comporte l'orchestre, ou le parterre, la corbeille, au premier étage, le balcon, situé au deuxième étage, et enfin, au dernier étage, le paradis, dit le poulailler, où les places sont les moins chères, puisque la vue de la scène y est la moins bonne.

La scène : elle est réservée au jeu des comédiens et à la plantation des décors. Le mot « plantation » s'applique, d'une part, à la disposition matérielle d'un décor et, de l'autre, à l'opération même de sa mise en place, sans doute à cause de la façon dont on enfonçait le bas des décors dans le plancher de la scène, cela il y a bien longtemps.

Les loges : elles sont attribuées aux comédiens pour que ceux-ci puissent s'habiller et se maquiller.

La scène occupe une grande superficie. Au milieu se trouve le plateau, qui est le plancher sur lequel jouent les acteurs et reposent les décors. Le plateau est l'endroit de la scène que le public voit. La partie la plus éloignée du plateau, celle qui est limitée par le fond de scène, s'appelle le lointain ; la plus rapprochée se nomme la face ; et les parties latérales sont le côté cour et le côté jardin, encadrés par les coulisses où se trouve le régisseur. Cette personne s'occupe de la lumière, du son et des changements de décors s'il y en a.

C'est pour éviter des méprises incessantes entre la droite et la gauche, selon la situation de l'acteur ou celle du spectateur, que l'on a adopté les expressions « côté cour », « côté jardin ». C'était au XVIIe siècle : l'on prit comme repère la position qu'occupait la salle de théâtre qui avait servi à la Comédie-Française par rapport aux Tuileries et l'on adopta le point de vue de l'acteur. Le théâtre étant situé entre le jardin et la cour du palais des Tuileries, à la droite de l'acteur se trouvait le jardin, à sa gauche se trouvait la cour. D'où les dénominations « côté cour » et « côté jardin », pour indiquer la droite et la gauche, toujours du point de vue de l'acteur.

Autre rappel d'une tradition qui date de la même époque : avant le lever du rideau, on frappe les trois coups qui annoncent le début du spectacle avec un simple bout de bois que dans notre jargon de théâtre nous appelons « brigadier ». En effet, sous la monarchie, les comédiens devaient faire un premier salut au roi, un deuxième à la reine et un troisième au public. À l'abolition de la royauté, ces saluts furent remplacés par trois coups de brigadier.

Malgré tout, rassurez-vous, si vous n'avez pas la chance de jouer dans un vrai théâtre, la scène peut être figurée dans n'importe quel lieu, salle de classe, salle de gymnastique, préau, cour de récréation, etc. Il vous suffit de délimiter au sol un espace identifiable avec des cordes, des poteaux, des pierres...

La mise en scène)

Le rôle du metteur en scène

En tout premier lieu, je vous conseille de choisir parmi vous un metteur en scène. Il est préférable que cette personne soit en dehors du jeu, c'est-à-dire qu'elle ne participe pas comme interprète au spectacle. Elle se mettra en face de vous dans la salle, ce qui lui permettra de voir l'ensemble des acteurs sur la scène. Le professeur d'une classe, par exemple, sera le mieux placé pour occuper ce poste, car il pourra voir et entendre avec un sens critique d'adulte. Par ailleurs, il connaît en général la personnalité de chaque acteur.

Il est important que le metteur en scène «compose les scènes», c'est-à-dire qu'il place les acteurs avec précision pour obtenir des tableaux vivants bien équilibrés. Il évitera ainsi que vous ne soyez les uns sur les autres, que l'un des comédiens soit caché par ses camarades, surtout dans *La Patte du chat,* où les personnages sont beaucoup plus nombreux. Dans ce conte, comme dans les autres, les spectateurs doivent pouvoir voir facilement tous les personnages, le plus souvent de face ou de profil. Le metteur en scène vous donnera des indications précieuses pour vos déplacements, vos entrées et vos sorties.

Il devra aussi vous guider dans la compréhension et l'interprétation du texte. Il vous aidera à respecter le caractère, les attitudes, les gestes de chacun des personnages.

Il pourra enfin vous aider pour la conception et la réalisation des décors, si vous décidez d'en faire, ainsi que pour le choix des costumes et de la musique.

Il est très important de noter au fur et à mesure du travail de la mise en scène toutes les options que l'on choisit pour s'en souvenir à la répétition suivante.

Pour vous aider à travailler, vous pouvez aussi demander à un camarade de faire le « souffleur ». Celui-ci sera chargé de vous rappeler les répliques si vous avez un trou de mémoire, ce qui est très utile, surtout pendant les répétitions !

La mise en scène

Avant toute chose, nous vous conseillons d'imaginer une mise en scène la plus simple possible ; elle n'en sera que plus efficace.

La lecture et la distribution des rôles

Lors des lectures qui précéderont la création des *Contes* – il est extrêmement important de lire plusieurs fois une pièce avant de la jouer –, il conviendra de réfléchir ensemble au caractère des personnages, puis d'essayer des voix, des démarches, etc.

C'est à ce moment-là que l'on peut distribuer les rôles en fonction des caractéristiques physiques de chacun, maigre, rond, vif, sec, grand ou petit. Par exemple il vaut mieux quelqu'un de grand et assez maigre pour incarner le loup, plutôt qu'une personne ronde et petite.

Le timbre des voix est une caractéristique physique aussi importante, car nous avons chacun une voix personnelle qui peut être grave, aiguë, rauque, sourde, éclatante... Vous allez me demander ce que signifie exactement le « timbre ». C'est la qualité sonore de la voix, sa musicalité, qui, associée à la respiration, lui permet de se faire entendre dans une salle.

Une fois que vous aurez lu plusieurs fois le texte, que vous y aurez réfléchi ensemble et que vous aurez le sentiment que vous êtes arrivés à vous l'approprier, une fois que vous aurez distribué les rôles et appris le texte correspondant à chacun de ces rôles, vous pourrez déterminer le lieu et passer sur la « scène » proprement dite. C'est là que vous commencerez à « répéter » : répéter le texte et mémoriser tous les déplacements des acteurs, qui demandent à être justifiés par le texte lui-même et doivent suivre l'intention de chaque personnage.

La diction

Il est très important pour la bonne compréhension du texte et pour vous faire entendre du public (car vous allez jouer pour lui, ne l'oubliez jamais), de respecter scrupuleusement les points, les virgules et toute la ponctuation, qui vous aidera à respirer et à articuler le mieux possible. Bien prononcer, bien articuler, bien respirer, voilà les principes essentiels de la diction correcte.

C'est en outre un bon exercice pour toutes les relations que vous aurez avec les personnes que vous rencontrerez. Car articuler, c'est se faire bien comprendre des autres, et cela est indispensable dans toutes les conversations de la vie courante, aussi bien en amitié, dans le travail, etc.

Je vous propose ici un exercice d'articulation que Raymond Girard, mon professeur d'art dramatique et de diction au Conservatoire, faisait répéter à ses élèves :

La Ballade de Chalclintlicuc

De Pernambouc au Potomac
L'antique Inca lègue aux métèques
Sa brocante et son bric-à-brac
En vrac avec ses pastèques.
Mainte statue en toc d'Aztèques,
Maint masque de cacique en stuc
Sculptés en stock pour glyptothèques
Au temps du grand Chalclintlicuc.

Lequel n'ayant fait qu'un micmac
Du sachem des cercopithèques
Sur mille écus de sumac
Dénombra ses pinacothèques
Puis fit par septante archevêques
Translater en copte Habacuc
D'après des palimpsestes tchèques
Au temps du grand Chalclintlicuc.

Mais ce fut sous Manco-Capac
Qu'Osques, Chiosques, Étrusques, Èques
Suivis des Menhirs de Carnac
Qui se repaissaient de biftèque
Jetèrent chez les Yucatèques
L'immense aqueduc du trou d'Uk
Sur les monts chiquisiquatèques
Au temps du grand Chalclintlicuc.

Prince, les antrhopopithèques
N'ont rien bâti qui fût caduc
On conservait les hypothèques,
Au temps du grand Chalclintlicuc.

L'exercice consiste à apprendre cette ballade en la disant d'abord très lentement et en articulant exagérément chaque syllabe, puis à la dire de plus en plus vite, et enfin à arriver à dire une strophe complète sans reprendre sa respiration.

Exercez-vous, vous verrez, on y arrive.

Analyse des personnages et de leur attitude physique)

Nous avons vu que la distribution des rôles était une étape importante de la mise en scène. Elle dépend du physique des comédiens mais aussi de la psychologie des personnages, que nous allons analyser brièvement à présent.

Deux différents types de jeu

Nous avons dans les trois *Contes* des personnages très clairs, que l'on peut diviser en trois catégories – les deux petites filles, les parents, les animaux.

Pour les deux premiers groupes, c'est-à-dire les personnages humains en général, il faut que le jeu de l'acteur semble aussi naturel que possible. Pour cela, essayez avant toute chose d'être sincère, de reproduire les sentiments que vous auriez si les mots du texte étaient les vôtres. Il est très important de se laisser guider par les mots du texte pour exprimer les réactions et les émotions que l'on ressent, il ne faut pas chercher à «composer», c'est-à-dire en faire trop, ni «surjouer», c'est-à-dire exagérer les mots et les gestes.

Quant aux animaux, le jeu des comédiens devra être plus marqué, plus proche du mime, mais la démarche devra toujours correspondre à celle de l'identité animale. Le port du masque est indispensable pour évoquer tous les animaux de ces contes. Sans eux, ces histoires perdraient leur saveur et leur dimension fantastique (lisez page 158 le paragraphe intitulé «Les masques»).

Ne pas oublier également les saisons, différentes dans chaque conte, qui vous aideront à mettre au point votre attitude physique. Dans *Le Chien*, nous sommes au printemps, dans *Le Loup*, en hiver, il fait très froid, et enfin dans *La Patte du chat*, l'action se passe en été.

Les personnages communs aux trois contes

Le chat

Le chat a une fonction double car il est d'abord

conteur, mais il est aussi personnage à part entière dans *Le Chien* et *La Patte du chat*.

Vous pouvez dédoubler le rôle du chat : un comédien sera le conteur, un autre sera le personnage du chat. Pour jouer le rôle du conteur, du « raconteur d'histoires », il vaut mieux choisir quelqu'un qui aime bien parler, raconter et faire des récits. Quant à celui qui jouera le personnage du chat, il est préférable qu'il ait une morphologie particulière, une démarche souple, féline, sachant mimer facilement. Le chat s'installe toujours confortablement en ronronnant, cependant il est capable de mouvements brusques, mais toujours avec souplesse et confort.

Si vous choisissez le même acteur pour incarner le conteur et le personnage, il faut veiller à placer le comédien de façon à ce qu'il puisse se détacher sur la scène pour raconter l'histoire, tout en restant dans l'action sans être gêné dans ses déplacements lorsqu'il prend part à l'histoire. C'est une option intéressante mais délicate à réaliser.

Dans *Le Loup*, le chat est seulement récitant, vous pouvez donc le faire rester toujours à la même place, à gauche ou à droite (côté cour ou côté jardin) de la scène. En tout cas, il devra se trouver en dehors de l'espace de jeu.

Dans *Le Chien*, le personnage du chat est méfiant de l'arrivée du chien, puis jaloux de l'amitié, de l'intérêt et de la tendresse que les petites filles portent à ce nouvel arrivant. Il se laisse alors aller à des mouvements de méchanceté. Mais le rejet des deux fillettes lui donne des remords et il cherche à se racheter. En adoptant la cécité du chien, il fait un acte de dévouement qui lui apportera la reconnaissance de celui-ci et qui lui fera retrouver l'amitié de Delphine et Marinette. Il ressent la satisfaction d'une bonne action. « Je suis heureux d'être bon », dit-il. Mais lorsqu'il a la possibilité de retrouver la vue, son caractère de chat prend le dessus et il se livre à un vilain chantage avec la souris. Sa bonté a des limites, et sa nature est rusée et hypocrite.

Dans *La Patte du chat*, le personnage du chat est plus difficile à jouer car c'est le rôle principal. Néanmoins le personnage est ici plus sympathique, car il essaie de sauver Delphine et Marinette d'une punition qu'il juge trop « épouvantable ». Mais à cause de son esprit frondeur et sarcastique, pour les parents, le chat est un coupable, responsable de tous les maux de la nature.

Delphine et Marinette

Les fillettes ont le même caractère dans tous les *Contes du chat perché*.

Il faut faire la différence entre Delphine et Marinette, dont Marcel Aymé nous apprend qu'elles n'ont pas encore dix ans. Delphine, l'aînée, a un caractère plus fort et prend le pas sur sa cadette ; elle est plus réfléchie. Marinette, la plus blonde des deux, doit être plus douce dans sa voix, son physique aussi, mais elle est plus impulsive et ne sait pas bien mentir. Elle prend des initiatives et entraîne Delphine sans penser aux conséquences de ses bêtises. Elle est plus émotive que sa sœur.

Les fillettes doivent être vives, joyeuses, et très sensibles. Elles s'amusent de tout, sans réfléchir, mais sont prêtes à s'émouvoir dès que la situation le demande. Toutes deux ont la fraîcheur et l'insouciance de leur âge. Elles ont besoin d'exprimer leur tendresse pour la nature et les animaux qu'elles rencontrent s'ils leur témoignent de l'amitié.

Il est important de bien souligner le caractère spontané des enfants dans le jeu des acteurs. N'ayez pas peur de marquer de grands contrastes, de passer du rire aux larmes, de manifester la gaieté, la sincérité, toujours avec naturel.

Dans *Le Chien*, les actrices doivent bien marquer leur désarroi et leur peine. Les fillettes tentent de faire changer d'avis leurs parents par des supplices qui doivent être bien exprimées.

Delphine doit parler d'une manière autoritaire et être plus sûre d'elle dans ses réactions et ses mouvements, notamment au début et à la fin du conte.

Dans *Le Loup*, elles expriment également l'appétit de la vie et la joie des enfants, par exemple lorsqu'ils sortent de l'école, quand ils vont en récréation, ou quand ils ont un bon goûter à «dévorer».

Dans *La Patte du chat*, Delphine et Marinette ont, comme tous les enfants, envie de jouer et de s'amuser à des jeux défendus lorsque les parents sont absents. Elles doivent montrer une très grande inquiétude pour leur ami le chat qui a pris leur défense, car l'amitié qu'elles lui portent est indestructible.

Les parents

Dans le recueil original des *Contes*, les parents ne forment qu'une seule et même personne, ils parlent ensemble, les répliques étant les mêmes pour le père et la mère. Dans l'adaptation, nous avons séparé les répliques afin que chaque comédien ait son texte.

Les parents représentent les idées et les certitudes du monde adulte par rapport à l'imaginaire des enfants. Ils doivent donner l'impression de refléter la vision des parents que l'on a quand on a dix ans.

Les parents ont peu de tendresse pour les animaux, ils les utilisent en fonction de ce à quoi ils leur servent : le chien parce qu'il chasse les voleurs et garde la maison, le chat parce qu'il met en fuite les souris, le cochon parce qu'il fournira le boudin de Noël, etc

Le père est bourru, autoritaire, c'est le chef de

famille qui gouverne bêtes et gens de la ferme. Dans *Le Chien*, à l'arrivée de celui-ci, il ne voit qu'une bouche de plus à nourrir. Pourtant c'est lui qui décide de le garder, et la mère approuve toutes ses décisions. Tous les deux sont sensibles à la flatterie du chien et font ici preuve d'une certaine compassion envers lui.

Dans *Le Loup*, les parents sont incapables de comprendre la métamorphose du loup (*Le Loup* : « Les parents, c'est trop raisonnable. Ils ne comprendraient jamais que le loup ait pu devenir bon »). En outre ils sont totalement insensibles et hostiles aux arguments de Delphine et Marinette qui sont persuadées que le loup leur veut du bien.

Dans *La Patte du chat*, la nature des parents évolue, ils sont terrifiants, égoïstes, méchants et ingrats vis-à-vis d'Alphonse. Ils ne se préoccupent que de leur travail aux champs. Le père prend une voix d'ogre et échange avec la mère des sourires cruels. Mais tous deux finissent par se racheter, un peu, eu égard à la peine qu'ils montrent lorsqu'ils croient avoir noyé le chat. À la fin, ils deviennent même suppliants pour sauver les récoltes.

Les personnages du «Chien»

Le chien

C'est le personnage principal du conte du même nom. Il est rustre, pataud, maladroit, brusque et sans élégance.

Il séduit les petites par sa gentillesse, son courage et le fait qu'il soit aveugle. Il est tout d'une pièce, sans nuance, passant de la colère à l'émotion. Incapable de tenir rigueur des méchancetés qu'il a subies, il cherche à rendre service à tout le monde. Emporté par sa générosité, il oublie sa rancune pour son ancien maître et finit par se sacrifier pour lui.

Il est important de mimer la cécité du chien en gardant les yeux fixés au plafond ou devant soi, sans regarder les autres et en marchant avec hésitation. Ce personnage n'est pas facile à représenter car il exprime aussi une certaine poésie et ses répliques sont parfois plus «littéraires» : il faut trouver le ton juste.

L'homme

Ce n'est pas un personnage sympathique. Il est insensible, mal intentionné, ingrat et si paresseux qu'il préfère redevenir aveugle plutôt que de travailler. D'ailleurs il n'a de l'intérêt que pour ceux qui peuvent lui rendre service.

Il pourrait ressembler à un clochard d'aujourd'hui, sale et mal vêtu, n'ayant pas d'argent pour vivre, mais plutôt du style de celui que l'on rencontre dans toutes les villes et qui réclame un franc au coin de la rue pour aller boire un coup.

La souris

Elle est très peureuse, tellement épouvantée qu'elle accepte tout plutôt que d'être mangée. Elle manifeste toujours de bonnes intentions puisqu'elle accepte de guider l'homme aveugle. Elle représente les faibles qui ne peuvent pas décider de leur destin et qui sont obligés de faire ce que les puissants leur ordonnent.

Elle a des gestes vifs et saccadés. Il convient de la faire parler avec une voix très fluette et de donner le rôle à quelqu'un ou, de préférence, quelqu'une de petite taille.

Le personnage du loup dans «Le Loup»

Ce conte témoigne que l'on peut faire changer le cours naturel des choses avec un peu d'amour et de tendresse, mais seulement pendant quelque temps.

Ici, Marcel Aymé joue sur la légende des siècles passés suivant laquelle un loup est forcément méchant : à cet égard, il est amusant de repérer plusieurs clins d'œil à des lectures qui vous sont certainement familières.

Au *Petit Chaperon rouge* de Charles Perrault :

Delphine : *Dites donc, loup, j'avais oublié le petit Chaperon rouge. Parlons-en un peu du petit Chaperon rouge, voulez-vous ?*

Le loup : *C'est vrai, je l'ai mangé, le petit Chaperon rouge. Mais je vous assure que j'en ai déjà eu bien du remords. Si c'était à refaire...*

Ou encore à la fable de Jean de La Fontaine, «Le loup et l'agneau» :

Delphine : *Il a l'air doux comme ça, mais je ne m'y fie pas. Rappelle-toi «le loup et l'agneau»... L'agneau ne lui avait pourtant rien fait.*

Lorsque l'on connaît ces deux textes, le conte de Marcel Aymé devient encore plus savoureux, car l'écrivain a pris un malin plaisir à transformer cette vision traditionnelle du loup et changer le cours des choses, au moins le temps d'un conte...

Mais pour les parents, le loup est toujours sauvage et féroce, symbole des peurs ancestrales de l'homme. Seules les petites filles comprennent qu'il peut être autre chose que ce personnage terrifiant. D'où les paroles des fillettes, puisque le loup doit faire peur :

Delphine : *C'est le loup.*

Marinette : *Le loup ? Alors on a peur ?*

Le loup, dans ce conte, est un personnage maigre, famélique, inquiétant, touché par la grâce et l'innocence de Delphine et Marinette, qui devient bon malgré lui. Il rentre totalement dans l'univers des petites, il joue aux mêmes jeux, s'amuse des mêmes bêtises et devient aussi heureux qu'un enfant emporté dans son monde imaginaire. Cependant son caractère sauvage de loup n'est jamais très loin, et son instinct se réveille lorsqu'il voit de la chair fraîche sous sa gueule.

Dans le jeu, il est nécessaire de bien marquer la complicité du loup et des deux petites. Son attitude est d'abord menaçante, puis humble, enfantine, avec les fillettes, enfin sauvage pendant qu'il les dévore. À la fin du conte, il se repent et se montre plein de remords.

Les personnages de « La Patte du chat »

Le canard se dandine et parle du nez, il est plein de bonne volonté, c'est le petit malin qui garde son sang froid et qui est de très bon conseil. Le cochon a une voix grave et marche pesamment, c'est un gros lourdaud, naïf, un peu stupide. Le coq a une démarche saccadée et parle d'une voix aiguë (de gorge) avec un rire qui ressemble au « chant du coq » ; il est prétentieux et méchant. La vache doit avoir une allure lourde et parler en traînant la voix et en meuglant dans les sons graves. Le cheval fait de même avec une voix de vieillard ; il est pelé et tremblant.

Les décors

Dès le premier conte, *Le Chien*, vous saurez que l'action se passe dans la cour d'une ferme : on y trouve un petit chemin qui s'en va dans la campagne, côté cour, une sorte de poulailler ou de remise, et enfin une niche installée par les parents quand ils adoptent le chien.

Lors de notre mise en scène, nous avions fabriqué, au fond de la scène, un petit praticable (estrade) de 40 centimètres de haut pour marquer le chemin qui s'élevait légèrement du côté cour au côté jardin. On pouvait ainsi voir les personnages s'en aller ou revenir plus longtemps, sans qu'ils disparaissent brusquement.

L'action du deuxième conte, *Le Loup*, se passe à l'intérieur de la maison, dans la cuisine, où se trouve une table, quatre tabourets, une cuisinière, et un coffre assez grand pour cacher Alphonse. Mais il faut garder un espace destiné à figurer l'extérieur, d'où l'on verra arriver le loup et où sortiront les parents.

Dans *La Patte du chat*, il y a également des scènes à l'intérieur de la cuisine et d'autres à l'extérieur, vous pouvez donc garder le même décor.

LE CHIEN

Quelques conseils pour la fabrication du décor

On peut imaginer deux épaisseurs de carton fort (déménagement) collées avec du scotch d'emballage, qui se déplieraient pour signifier l'extérieur, puis l'intérieur et l'extérieur... Vous pouvez y peindre d'un côté l'extérieur d'une fermette un peu ancienne, de l'autre l'intérieur de cette même habitation (vieille cuisinière à charbon, buffet campagnard, quatre tabourets, une table et un banc, etc.).

Encore mieux, vous pouvez bien sûr construire ce décor avec du bois contreplaqué si vous avez des bricoleurs « avertis » dans votre entourage.

Si vous n'avez pas de décor, vous pouvez disposer

LE LOUP

LA PATTE DU CHAT

des chaises et des bancs qui délimiteront les lieux, et dessiner le décor par terre, avec une craie, pour délimiter votre espace de jeu.

Les accessoires

Il sera bon de prévoir un certain nombre de meubles et d'accessoires pour chaque conte, car il y en a qui sont essentiels.

Le Chien : une corde pour attacher le chien, un bol pour le lait, un panier à provisions.

Le Loup : un jeu d'osselets ou un autre, un couteau, une grande aiguille et de la ficelle pour recoudre le loup.

La Patte du chat : le plat en faïence et, pourquoi pas, le portrait de la tante Mélina.

Vous dresserez la liste des autres accessoires en lisant attentivement ce qui est décrit dans le texte, mais vous pouvez aussi en ajouter en faisant preuve d'imagination et en veillant à ce qu'ils soient toujours en rapport avec le conte.

Les costumes)

Voici une idée des costumes que nous avions confectionnés quand nous avons représenté ces *Contes*.

Les fillettes et leurs parents

Delphine et Marinette portaient une robe simple, de couleur différente (rouge et bleu), et des chaussures à lacets. Elles avaient en outre un gilet de laine qu'elles mettaient pour *Le Loup,* et un tablier ainsi qu'une chemise de nuit et des pantoufles dans *La Patte du chat*.

Le père portait un pantalon en velours et une chemise écossaise, un béret ou une casquette, et la mère une jupe, une chemise, un fichu sur la tête. Elle rajoutait un tablier dans *Le Loup*. Les deux parents avaient une pèlerine (grande cape avec une capuche) qu'ils mettaient quand ils sortaient de la maison (dans *Le Loup*) et au moment de la pluie, avec de grosses chaussures (dans *La Patte du chat*).

Les animaux

Leurs costumes étaient neutres mais la couleur de chacun permettait d'identifier immédiatement la nature de l'animal.

Le chat était habillé en noir, avec des taches blanches et une queue noire. Le chien était vêtu dans les tons marron, rappelant qu'il est pauvre. La souris était en gris (nous avions acheté un collant de danse, des gants et des chaussons de danse de cette couleur). Le loup portait un costume gris tirant sur le bleu foncé, effrangé, pour montrer sa misère. Le canard avait un costume marron avec des plumes de couleurs verte, jaune et orange. Le coq était en jaune, avec une queue de différentes couleurs. Le cochon, bien sûr, était en rose, avec une petite queue en tire-bouchon. Pour arrondir les formes de son costume, nous avions mis de la mousse à l'intérieur. La vache avait un costume blanc avec des taches marron, et le cheval un ensemble rouge-brun.

Tous portaient des gants et des chaussons de danse de la couleur de leur costume, ce qui permettait de souligner leur démarche particulière, différente de celle des humains.

Les masques

Lors des représentations des *Contes*, les animaux portaient tous un masque, ce qui donnait beaucoup plus de force à la réalisation. Le masque frappe l'œil et l'imagination, il permet de visualiser les animaux avec un certain réalisme. Il est très difficile d'incarner un animal avec justesse sans masque ; seul un mime professionnel de grand talent peut le faire. Le masque aide à « rentrer dans la peau du personnage », comme l'on dit dans notre argot de théâtre.

Il sera donc bon que les comédiens répètent le plus tôt possible en portant les masques pour s'habituer à jouer et à marcher le visage couvert. Mais n'oubliez pas de garder le masque le plus possible de face par rapport aux spectateurs.

Vous pourrez soit trouver des masques dans le commerce, soit en fabriquer vous-mêmes, ce qui est plus créatif. Il existe pour cela un certain nombre d'ouvrages qui expliquent comment les confectionner avec du carton ou d'autres matières. Cela a également l'avantage de réunir un groupe ou une classe de jeunes qui peuvent alors participer non seulement à la fabrication des masques, mais aussi à celle des accessoires et du décor.

La lumière)

À l'époque de Molière, la scène était éclairée par des chandelles placées au bord, par terre, sur le plancher ; c'était ce qu'on appelait la « rampe ». Au XVIIIe siècle, il y eut des rampes à gaz, placées au même endroit, mais elles étaient très dangereuses et mirent le feu à plus d'une salle. L'électricité les a remplacées depuis longtemps.

Si vous avez la chance de bénéficier de lumière pour la scène, il faudra essayer de représenter la nuit, le jour, l'intérieur et l'extérieur, par des changements d'intensité de lumière et de couleur.

La lumière du jour est dans les tons très légèrement bleus, le soleil est jaune ou blanc. L'intérieur peut être rose et orange, et la nuit doit avoir une ambiance bleutée assez soutenue.

La musique)

L'illustration musicale doit être simple : quatuor (composition musicale à quatre parties pour un ensemble de quatre instruments) ou quintette (composition musicale à cinq parties pour cinq instruments) ; instruments à vent, clarinette, hautbois, et aussi violon. Choisissez une musique classique ou moderne, mais pas de grandes orchestrations. La musique doit servir de ponctuation au texte, souligner les changements de jour, de situation, les moments de suspens ou d'attente, etc. et toujours marquer le début et la fin du spectacle.

Conclusion)

Ces contes ont été écrits pour les enfants âgés de quatre à soixante-quinze ans. Il va sans dire que par cet avis, je ne songe pas à décourager les lecteurs qui se flatteraient d'avoir un peu de plomb dans la tête. Au contraire, tout le monde est invité. Je ne veux que prévenir et émousser, dans la mesure du possible, les reproches que pourraient m'adresser, touchant les règles de la vraisemblance, certaines personnes raisonnables et bilieuses. [...] J'avertis mon lecteur que ces contes sont de pures fables, ne visant pas sérieusement à donner l'illusion de la réalité. Pour toutes les fautes de logique et de grammaire animales que j'ai pu commettre, je me recommande à la bienveillance des critiques.

Marcel Aymé, seconde prière d'insérer
des *Contes du chat perché*, 1939

Mon grand-père n'a pas écrit ces *Contes* pour les enfants, mais pour l'Enfant qui demeure en chacun de nous. C'est ce qui fait le succès de ces recueils, qui plaisent à tous les lecteurs de quatre à soixante-quinze ans. Marcel Aymé laisse vivre ses personnages en les regardant avec une certaine tendresse et un amusement évident, moraliste sans en avoir l'air. Ces *Contes* sont parfois très profonds, mais toujours dissimulés par un voile de fantastique et de merveilleux, et tant pis pour les grincheux, les vilains, les jaloux, les incrédules, les gens de mauvaise humeur... La liste est longue.

Merci Marcel Aymé, mon grand-père.

Autres titres de la collection

Roland Dubillard, *Le Gobe-Douille
et autres diablogues*
Eugène Ionesco, *Le roi se meurt*
Jacques Prévert, *À perte de vie*
Jacques Prévert, *Le Beau Langage*
Jacques Prévert, *Le Bel Enfant*
Raymond Queneau, *En passant*
Jean Tardieu, *Finissez vos phrases !*

Loi n°49-956 du 16 juillet 1949
sur les publications destinées à la jeunesse
ISBN 2-07-054514-8
Numéro d'édition: 98170
Dépôt légal: février 2001
Numéro d'impression: 54509
Imprimé sur les presses de la Société Nouvelle Firmin-Didot